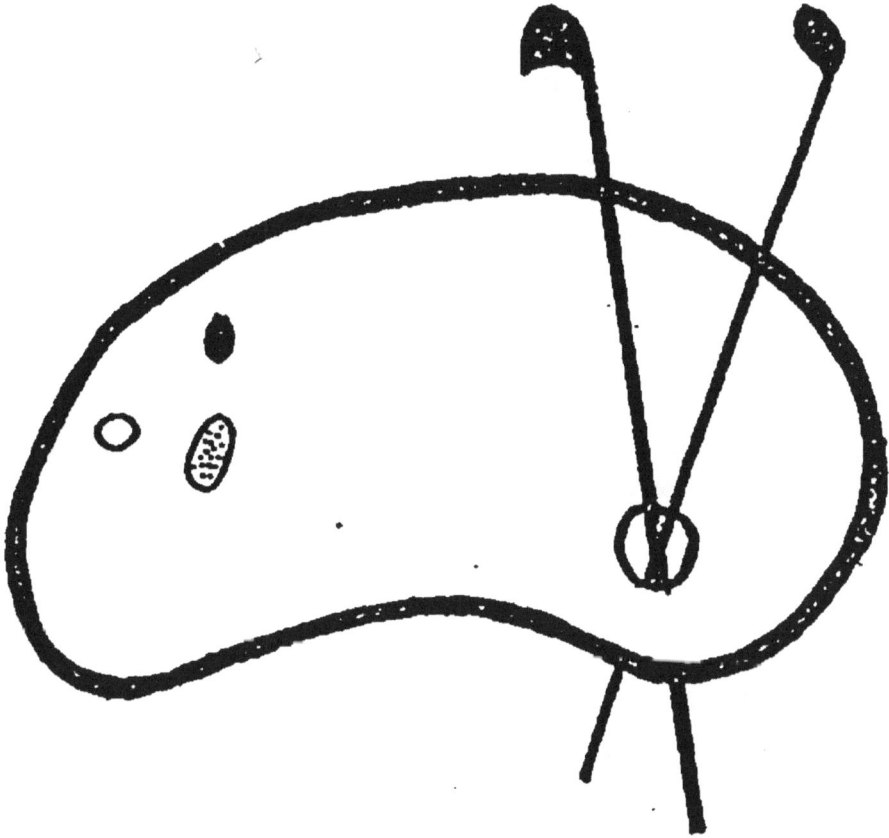

COUVERTURE SUPERIEURE ET INFERIEURE
EN COULEUR

L'amie des jeunes personnes

L'AMIE DES JEUNES PERSONNES.

(IN-8° 2e SÉRIE)

L'AMIE

DES

JEUNES PERSONNES

OU

L'INSTITUTRICE CHÉRIE.

PAR

MADAME D'ADHÉMAR.

LIMOGES

MARC BARBOU et Cie, Imprimeurs-Libraires

Rue Puy-Vieille-Monnaie

I

LA PRIÈRE.

Madame Darmières avait naturellement consacré dans son institution le pieux usage de commencer et de finir la journée par la prière : quoi de plus utile, disait-elle chaque jour à ses élèves, que la prière et la méditation ; elles nous aident à triompher des obstacles et des ennuis, elles épurent notre âme en la remplissant de confiance envers le Créateur, puissant dispensateur des biens et des maux que nous devons espérer ou craindre.

La religion, ce sublime instinct qui anime le cœur de l'homme dès sa naissance, nous impose le devoir d'adresser chaque jour au Créateur nos hommages, nos espérances et nos vœux ; simple et sublime dans ses préceptes, uniforme et immuable dans ses développements, elle offre constamment un secours, un appui dans les malheurs de la vie ; mais c'est avec une âme pure, des vœux sincères, une croyance affermie que la prière doit être faite, c'est le cœur et non l'esprit qui doit la dicter : méditez, jeunes élèves, le dialogue suivant où l'abbé Collet a développé, pour les demoiselles de la Maison royale de Saint-Cyr, les mérites de la prière, en enseignant dans quelles dispositions et dans quel but elle doit être adressée au Dieu de miséricorde et d'amour.

SUR LA PRIÈRE.

Aure. — Vous désirez que je vous entretienne de la prière; c'est une manière bien élevée; car, je dois vous le dire tout d'abord, la prière n'est autre chose qu'un saint commerce de l'âme avec Dieu.

Aurélie. — Votre définition nous en donne déjà une bien haute idée.

Aure. — L'âme qui aspire à la prière, ne prétend pas moins qu'entrer en contact avec Dieu.

Aurèle. — Cette prétention est bien grande pour une faible créature.

Aure. — J'en conviens : mais il faut se taire quand c'est Dieu qui veut nous honorer jusque-là.

Aurélie. — Mais c'est entrer en quelque sorte en familiarité avec Dieu?

Aure. — Il est vrai; mais Dieu n'est-il pas le maître de ses faveurs?

Aurèle. — Je sens déjà mon cœur tout plein de désir d'avoir part à ce céleste et tout divin entretien.

Aure. — C'est notre malheur de négliger des faveurs si grandes.

Aurélie. — Apprenez-nous un art si divin?

Aure. — Pour y réussir, il faut s'y présenter avec une conscience purifiée, un cœur détaché et un esprit recueilli.

AURÈLE. — Vous exigez là presque la perfection.

AURE. — Il est vrai ; mais sans ces dispositions, ne comptez jamais d'y réussir, ni d'y faire aucun progrès.

AURÉLIE. — Ne serait-ce point là la cause du peu de frui. que nous retirons de nos prières ?

AURE. — C'est à vous à l'examiner attentivement : ce que je sais, c'est que sans cette pureté de conscience, ce détachement du cœur, et ce recueillement de l'esprit, on ne peut recevoir les célestes influences.

AURÈLE. — Ne cherchons point ailleurs l'inutilité de nos prières ; en voilà la source.

AURE. — Si vous êtes sages, vous devez en chercher le remède.

AURÉLIE. — Ainsi disposées, comment devons nous commencer ?

AURE. — Vous devez d'abord vous bien persuader que Dieu est présent, qu'il vous voit et qu'il est prêt à vous écouter.

AURÈLE. — Ne faut-il pas aussitôt s'humilier devant une si grande Majesté ?

AURE. — C'est à quoi vous ne devez pas manquer, en jetant un regard sur votre néant et sur vos péchés.

AURÉLIE. — Sont-ce là toutes les préparations que vous demandez ?

AURE — Il faut encore demander le secours du Saint-Esprit, l'assistance de la sainte Vierge et des Saints.

AURÈLE. — Cela fait, on peut donc entrer en prière ?

AURE. — Ne confondez pas, s'il vous plaît, la prière avec la méditation ; car l'une n'est pas l'autre.

AURÉLIE. — Je les avais confondues jusqu'ici. Quelle différence y mettez-vous ?

AURE — La voici. La prière consiste dans la prière du cœur et la méditation, dans les réflexions de l'esprit. La prière est

1..

la fin de la méditation, et la méditation n'en est que la voie et comme l'introduction.

AURÈLE. — Il faut donc commencer par la méditation?

AURE. — Oui; car elle nous instruit, et, en nous instruisant, nous dispose à prier, gémir et soupirer devant Dieu, ce qui est la véritable prière.

AURÈLE. — La prière n'est-elle que la prière et le gémissement de l'âme devant Dieu?

AURE. — Elle est aussi une union de l'âme avec Dieu, laquelle se reposant en lui comme saint Jean sur la poitrine de Jésus-Christ, tire de cette bienheureuse source, toutes les grâces, toutes les lumières et toute la force dont elle a besoin pour se soutenir dans le service de Dieu.

AURÉLIE. — L'âme ne fait-elle que cela dans la prière?

AURE. — Quelquefois, s'oubliant saintement elle-même, elle ne pense plus qu'à se réjouir de ce que Dieu est si grand et si parfait; alors elle se répand en louanges et en bénédictions.

AURÈLE. — Je vois bien à présent qu'il ne faut pas confondre la prière avec la méditation, et qu'elles sont fort différentes.

AURE. — Je suis bien aise que vous le sentiez vous-même.

AURÉLIE. — Que faut-il méditer, s'il vous plaît, dans les commencements?

AURE. — Rien n'est meilleur que de s'attacher à quelque chose de sensible, qui puisse aisément se graver dans le cœur, tels sont les beaux exemples de vertus que l'on trouve dans la vie de Jésus-Christ, de la sainte Vierge et des Saints.

AURÈLE. — Je croyais qu'il fallait méditer ces exemples, non-seulement dans les commencements, mais toute sa vie.

AURE. — Vous pensez juste; il le faut aussi, puisqu'en tout âge on ne peut trouver de plus sûres règles de conduite.

AURÉLIE. — Pourquoi donc, s'il vous plaît, dites-vous qu'il faut commencer par là?

AURE. — C'est pour vous faire entendre qu'il faut bien se donner de garde d'entrer dans ces méditations abstraites, qui n'ont souvent d'autre fruit que la perte du temps.

AURÈLE. — Comment faut-il méditer ces exemples?

AURE. — Avec simplicité, en se demandant à soi-même : est-ce ainsi que je pense, que je parle, que j'agis? Sont-ce là mes sentiments, mes vues, mes pensées, ma conduite? Pourquoi ne suis-je pas tel? A quoi tient-il?

AURÉLIE. — Je pensais que, pour méditer, il fallait produire de grandes réflexions, de belles pensées et sortir de là capables de faire de beaux discours.

AURE. — Non, le plus simple et le plus uni en cette matière est toujours le plus utile, parce qu'il est bien plus propre à pénétrer le cœur.

AURÈLE. — Faut-il toujours se parler ainsi à soi-même?

AURE. — Il n'est pas nécessaire : quelquefois on se contente de se pénétrer de ces exemples, sans rien dire; d'autres fois on se repose doucement dans l'amour de ces exemples, et dans le désir de les pratiquer.

AURÉLIE. — Est-ce là la meilleure manière de méditer?

AURE. — N'en doutez pas; car ceux qui voltigent de pensées en pensées, sans se laisser pénétrer de rien, ressemblent à ces abeilles qui passent de fleurs en fleurs sans en tirer aucun suc, et ne font jamais de miel.

AURÈLE. — Je comprends, en vous entendant, que l'important de la méditation est de se laisser pénétrer des vérités, et d'en tirer tout le suc pour s'en nourrir à loisir; en sorte que l'âme devienne comme une même chose avec ces vérités.

AURE. — Vous comprenez fort juste; il n'y a plus qu'à tenir cette conduite dans la pratique.

AURÉLIE. — Mais si, malgré ces précautions, le cœur demeure froid, que faudra-t-il faire?

AURE. — Il faudra s'exciter, s'animer, se frapper, dit saint

François-de Sales, comme ces pauvres qui, manquant de bois dans l'hiver, se frappent pour s'échauffer.

AURÈLE. — Parlez nous sans figure ?

AURE. — C'est-à-dire qu'il faudra échauffer son cœur à force de faire des actes, tantôt d'humilité, tantôt de confiance, quelquefois de contrition, d'autres fois d'amour.

AURÈLE. — Que faire dans ces moments où le cœur se trouve tout hors de lui-même par la consolation que Dieu lui fait sentir.

AURE. — Il ne faut jamais s'en prévaloir, ni trop compter dessus, et se préparer déjà au temps nébuleux qui pourra bientôt succéder.

AURÉLIE. — C'est-à-dire qu'en tout temps il faut se tenir devant Dieu dans une grande humilité et une grande dépendance.

AURE. — Vous l'avez dit, et rien n'est plus nécessaire pour se rendre digne de ses faveurs.

AURÈLE. — Après les exemples de Jésus-Christ, de la sainte Vierge et des Saints, que peut-on méditer ?

AURE. — C'est en quoi l'on ne tarit point, qu'en sujets de méditations.

AURÉLIE. — J'ai pourtant ouï dire qu'il était peu de livres dont les méditations fussent bonnes ?

AURE. — Pardonnez-moi si je vous dis que vous changez la question ; je parle de sujets de méditations ; et vous, vous parlez de livres de méditations.

AURÈLE. — Mais n'est-ce pas dans les livres de méditations qu'on trouve les sujets de méditations ?

AURE. — Il est vrai ; mais quand le Saint-Esprit veut nous en fournir lui-même, il ne faut pas en chercher ailleurs.

AURÉLIE. — On n'a donc recours aux livres que quand le Saint-Esprit ne parle point ?

AURE. — Un mot, une pensée, un sentiment que le Saint-Esprit met au cœur, et dont il le nourrit intérieurement, vaut mieux que toutes les méditations du monde.

AURÈLE. — On peut donc, dans ces occasions, quitter son sujet, pour suivre cet attrait du Saint-Esprit?

AURE. — Ne dites pas, on peut; dites on doit. Le Saint-Esprit n'est-il pas le maître de nous conduire par quel chemin il lui plaît? et n'est-ce pas à nous à lui obéir et à le suivre pas à pas?

AURÉLIE. — Je suis charmée d'apprendre cela; car je croyais qu'il fallait se tenir lié à son sujet, sans jamais s'en écarter.

AURE. — L'esprit de Dieu est un esprit de liberté : ainsi il faut bien se donner de garde de cet esprit de gêne.

AURÈLE. — Apprenez-moi, s'il vous plaît, ce qu'on peut encore méditer?

AURE. — Parcourez toutes les perfections de Dieu l'une après l'autre; voilà des sujets pour bien du temps.

AURÉLIE. — Ces sujets sont bien élevés.

AURE. — Si ceux-là vous paraissent trop élevés, méditez de suite toutes les vertus de Jésus-Christ.

AURÈLE. — Ceux-là sont plus à notre portée.

AURE. — Voulez-vous des sujets encore plus faciles? Prenez tous vos défauts les uns après les autres, et en ne les quittant qu'après les avoir déracinés, vous aurez des sujets pour votre vie.

AURÈLE. — Mais encore, quels livres conseillerez-vous à une personne qui voudrait s'adonner à ce saint exercice?

AURE. — On peut prendre le livre des Pensées Chrétiennes, celui de l'Imitation, les deux Sermons de Notre Seigneur, et les endroits les plus instructifs des Épîtres de saint Paul et des autres Apôtres.

Aurèle. — Comment faut-il se retirer de devant Dieu, lorsque la fin de la méditation est venue ?

Aure. — Toute pénétrée de l'honneur que l'on vient de recevoir, toute pénétrée des vérités que l'on vient de méditer, toute pénétrée du désir de les mettre en pratique.

Aurélie. — Ne doit-on pas prendre quelque prière particulière, et retenir quelque pensée principale, pour s'en occuper pendant la journée ?

Aure. — Les saints qui ont parlé de la prière l'ont fort conseillé ; et qui peut le faire fait très-bien.

II

L'ÉMULATION.

C'est l'émulation qui fait la force de l'éducation publique;
elle y règne sur de jeunes esprits, les dirige vers le bien, et
ne porte aucune atteinte aux sentiments généreux de l'âme et
du cœur : là seulement la rivalité ne fait pas naître la jalou-
sie; on y apprend à partager le bonheur et la gloire des autres, et l'amitié vient doubler les jouissances des succès,
comme elle a adouci les difficultés du travail.

On apprécie depuis longtemps en France les avantages bien
réels de l'éducation en commun, et c'est pour les jeunes personnes que les bienfaits s'en font surtout sentir ; bien peu de
parents en effet jouissent d'une fortune qui leur permette de
donner des gouvernantes à leurs filles ; bien des mères ont
des occupations qui réclament leur temps et leurs soins;
quelques-unes, bien que cela devienne de plus en plus rare
aujourd'hui, sont privées des connaissances nécessaires pour
diriger ou même surveiller avec fruit l'instruction de leurs

enfants. Que de jeunes filles, plus à plaindre encore, n'ont pas joui de la vue e: des embrassements de leur mère! C'est un bonheur assurément pour elles que l'existence des pensionnats. Là, du moins, sous la direction de femmes respectables, dans des maisons où règnent la piété, l'ordre, la décence, une grande surveillance sans contrainte, une extrême propreté sans recherche et sans luxe, elles sont instruites par des personnes distinguées de leur sexe, dans toutes les parties de l'enseignement.

Certes l'instruction des jeunes personnes a fait de grands progrès depuis quelques années, et c'est à l'émulation surtout qu'inspire la bonne direction donnée aux études en commun, que l'on est redevable de ce précieux résultat. Par les progrès de l'instruction, je ne veux pas dire que l'on apprend plus de choses aux jeunes personnes, ce ne serait point atteindre suffisamment le but; je veux dire qu'elles sont mieux enseignées. Montaigne les féliciterait, non pas d'être *plus* savantes, mais *mieux* savantes. L'important, en effet, n'est pas qu'elles sachent beaucoup; qu'elles sachent bien, c'est l'essentiel.

Nous ne sommes plus, il est vrai, au temps où Fénelon désirait que les jeunes filles sussent écrire droit et mettre un peu d'orthographe. La grammaire, les calculs, la géographie, l'histoire, et surtout l'histoire sainte, entrent plus que jamais aujourd'hui comme éléments dans l'éducation des jeunes personnes. En les leur enseignant on a grand soin de ne pas exercer en elles seulement la mémoire aux dépens de l'intelligence, et leur instruction reste exempte de pédantisme, parce que ces connaissances sont à peu près générales, et qu'on ne saurait tirer vanité de savoir ce qu'il serait en quelque sorte honteux d'ignorer.

La religion est la base et le principe de toute éducation solide; et dès l'enfance une sage institutrice en doit développer les principes, tel était le sentiment de madame Darmière: quel âge est plus favorable aux sentiments religieux en effet? Le jour qui naît, le printemps qui sourit, la nuit qui déploie ses voiles, les astres qui brillent dans les ténèbres, tout au jeune âge est enchantement et prodige. Chaque impression est une jouissance ; chaque jouissance un bienfait. La fleur qu'il respire, le fruit qu'il savoure, sont pour l'enfant des présents dont il cherche l'auteur. Son cœur, rempli d'émotions douces et bienfaisantes, sent le besoin de s'épancher dans la prière. Qu'il apprenne donc, dès ses jeunes ans, à remercier le Dieu dont il admire les ouvrages. Bientôt l'idée d'une puissance infinie qui voit, qui entend, qui juge ou pardonne, se liera dans son esprit à celle d'un être bienfaisant et protecteur. Les premiers cris de la conscience s'élèveront en présence d'un Dieu qu'on ne peut éviter ni surprendre. Plus avancé en âge, il connaîtra les mystères profonds de son culte ; il ne doit connaître encore que sa bonté, et c'est assez pour lui : puisqu'il aime, il croit déjà. Quand l'instruction pourra descendre dans un cœur ainsi disposé, elle y gravera des vérités qui ne s'effaceront plus.

Madame Darmières, attentive dans le choix des lectures et des exemples qu'elle mettait sous les yeux de ses chères élèves, avait pour principe de puiser dans la lecture des livres saints les éléments d'une instruction solide et conforme à leur âge. La Bible abonde en récits propres à frapper l'esprit des jeunes personnes, et à former leur cœur à la vertu : la simplicité de ces récits aide d'ailleurs à les graver dans la mémoire, et elle les rendrait plus frappant encore en habituant les plus jeunes à raconter à leur tour ces histoires naïves sans en omettre les circonstances. Ainsi elle leur faisait suivre Joseph dans la citerne où il est plongé par ses frères; elle leur faisait redire ses épreuves dans le palais des rois d'Egypte, et ses souffrances et ses bienfaits ; d'autres fois elle leur racontait l'histoire de la vieille qui du haut de la montagne, jetant les yeux sur le chemin, aperçoit Tobie qui se presse d'arriver près de son bon père; elle enseignait aussi à ses enfants chéris à représenter les scènes les plus touchantes de l'Ecriture sainte, en les laissant libres de choisir les sujets, de se distribuer les rôles. On voyait ainsi tantôt Ruth, épuisée par la chaleur du jour, suivant les moissonneurs, qui laissent à dessein des épis sur son passage; tantôt le bon Samaritain versant du vin et de l'huile sur les blessures du voyageur que les brigands ont assailli non loin des murs de Jéricho.

C'est ainsi, par cette éducation tendre, éclairée, maternelle, que madame Darmières s'appliquait à former à la fois le cœur et l'esprit de ses élèves ou plutôt de ses amies, car si son inépuisable tendresse voyait en elles autant d'enfants chéries, chacune d'elles aussi voyait une tendre amie dans l'institutrice dont l'expérience et les vertus leur servaient à la fois de guide et de modèle.

ENTRETIEN
SUR LES BIENFAITS DE L'ÉDUCATION.

ANNE. — Vous venez fort à propos pour nous dire votre sentiment sur un objet qui excite justement notre curiosité.

BLANCHE. — Quel sujet peut exciter votre curiosité, après toutes les instructions que vous recevez continuellement dans cette Maison?

AMÉE. — Il est vrai que si nous en profitions, nous serions beaucoup plus instruites; mais quelqu'instruites que nous fussions, nous aurions toujours besoin de vos lumières.

BLANCHE. — On ne peut m'engager plus honnêtement à parler; je cède avec plaisir à des avances si obligeantes. Expliquez-vous donc librement, je suis toute prête à vous répondre.

AMÉE. — Notre curiosité nous porterait aujourd'hui à savoir ce que c'est que l'éducation. Sans cesse on nous en parle, sans cesse on nous en fait voir la nécessité, et on nous en relève le mérite.

BLANCHE. — On a bien raison, car l'éducation est un des plus beaux ornements d'une fille. Avec cet ornement elle est toujours estimée et estimable.

AMÉE. — A quelle marque peut-on reconnaître si une fille a de l'éducation?

BLANCHE. — Rien n'est plus aisé. Vous n'avez qu'à l'observer dans ses paroles et dans ses actions.

ANNE. — Quelles sont les paroles d'une jeune fille qui a de l'éducation ?

BLANCHE. — Ses paroles sont toujours respectueuses et obligeantes.

AMÉE. — Quelles sont, s'il vous plaît, ses actions?

BLANCHE. — Elles sont toujours accompagnées de civilité et d'honnêteté, et elles n'ont rien que de modeste.

ANNE. — Mais que se propose encore une jeune fille, en s'étudiant ainsi dans ses paroles et dans ses actions?

BLANCHE. — Elle se propose d'obéir à Dieu qui veut que l'on prévienne tout le monde par des témoignages de respect et d'honneur.

AMÉE. — Il ne suffit donc pas de prévenir, par ces témoignages de respect et d'honneur, les personnes qui sont au-dessus de nous?

BLANCHE. — Non ; il faut prévenir ainsi toutes sortes de personnes, quoique diversement, selon le rang et le mérite de chacune : il ne faut pas même en exclure un enfant.

ANNE. — Si une jeune fille se conduit de la sorte avec tout le monde, comment doit-elle donc se conduire avec ses compagnes?

BLANCHE. — Avec beaucoup de respect et d'égards, mais un respect et des égards qui ont tout ce qu'on peut désirer d'aimable et de gracieux, parce qu'ils sortent d'un fond d'amitié, de tendresse et de cordialité.

AMÉE. — Rien n'est plus beau que le portrait que vous faites d'une jeune fille qui a de l'éducation : dites-nous, s'il vous plaît, s'il s'en trouve beaucoup qui ressemblent à ce portrait?

BLANCHE. — Plus ces personnes sont rares, plus aussi elles sont estimables.

ANNE. — Mais ne leur permettez-vous jamais de se relâcher en rien sur ce qui regarde l'éducation ?

BLANCHE. — Parler ainsi, c'est supposer que les personnes bien élevées ont des temps pour être civiles et respectueuses, et d'autres pour l'être moins dans la vérité: c'est mal les connaître.

AMÉE. — Mais du moins ne leur pardonnez-vous pas, s'il leur échappe quelque mot dans un moment de mauvaise humeur ?

BLANCHE. — On n'a pas besoin de leur rien pardonner, parce qu'il ne leur arrive jamais rien de semblable. Elles savent dominer leur mauvaise humeur, et ne s'en laisseront pas dominer.

ANNE. — Vos réponses sont si justes et si fortes en même temps qu'elles ne nous laissent aucune réplique. Apprenez-nous, s'il vous plaît, dans quel temps on doit s'appliquer à l'éducation des jeunes filles ?

BLANCHE. — Quiconque y commence tard, n'y réussit jamais: le plus tôt est donc le meilleur. Un jeune arbre se plie aisément, tandis qu'un autre, durci par les années, ne peut être plié.

AMÉE. — Mais ne serait-il pas plus utile d'attendre que la raison fût entièrement formée ?

BLANCHE. — On le pourrait, si les habitudes ne se formaient pas en même temps que la raison; mais comme il est important de prévenir les mauvaises habitudes, on ne saurait commencer trop tôt.

ANNE. — Il ne faut donc rien passer aux enfants dans le bas âge touchant l'éducation ?

BLANCHE. — Rien, non, rien; il faut tout leur compter; il faut même être plus sévère sur les petites fautes que sur les grandes; car si vous leur permettez les petites, ils se permettront bientôt les grandes, et vous aurez la douleur de les voir augmenter sensiblement tous les jours en manières brusques et choquantes.

AMÉE. — Permettez-moi de vous demander si le monde prend garde à ces sortes de fautes que les jeunes filles commettent contre l'éducation ?

BLANCHE. — S'il y prend garde ! n'en doutez pas ; non seulement il y prend garde, mais encore il ne leur pardonne rien.

ANNE. — Mais comment savez-vous cela, s'il vous plaît ?

BLANCHE. — Comment je le sais ! c'est que j'entends dire tous les jours dans le monde : cette jeune fille a de bonnes qualités ; mais il est dommage qu'elle n'ait point d'éducation.

AMÉE. — Que dit-on dans le monde, au contraire, de celles qui ont de l'éducation ?

BLANCHE. — On en dit mille biens ; à tous propos, on les loue ; sans cesse on les admire ; on en fait partout l'éloge, et on ne cesse de les proposer pour modèles à toutes celles de leur âge.

ANNE. — Je me tais pour laisser parler ma compagne, qui se charge de vous remercier.

AMÉE. — Je m'en charge volontiers. Soyez louée à jamais pour toutes les instructions que vous venez de nous donner : nous espérons que notre conduite témoignera bientôt du bien qu'elles produiront.

III.

INSTRUCTION ÉLÉMENTAIRE.

LA LECTURE ET L'ÉCRITURE.

La lecture est le premier élément de toute instruction, et l'on ne saurait l'enseigner trop tôt ni avec trop de soin à l'enfance. C'est le premier de tous les travaux d'une jeune imagination, il est important d'en surveiller la direction : Madame Darmières pensait que pour la lecture les méthodes abrégées étaient généralement préférables, en ce que les enfants ont moins de peine à apprendre, et qu'il faut aussi moins de temps pour les instruire. La première chose dans la vie, la plus importante peut-être, est de savoir ménager le temps et d'en être avare.

A cinq ans, un enfant doit lire couramment; mais il faut avoir soin qu'il sente ce qu'il lit, qu'il y porte son attention. Il faut aussi lui choisir les sujets de lecture, et l'ouvrage le plus utile dans ce genre est celui de Berquin; rien n'est mieux approprié aux enfants; rien n'est plus naturel que les petites historiettes qu'il a composées pour eux; toutes ont un but moral, bien senti et mis à la portée de tous les âges et de tous les états.

Beaucoup de personnes ont écrit pour l'enfance; la plupart n'ont eu sous les yeux que la classe riche et élevée. La classe dont le travail seul procure l'existence, celle qui vit dans une simple médiocrité, ne trouve point d'exemples à suivre dans ces ouvrages, et n'y puise que l'envie des richesses et le désir de briller; pourtant les vertus que l'on peut prendre pour modèles se trouvent plus fréquemment dans cette classe mitoyenne que dans les deux extrêmes, et, on doit le dire à leur louange, on voit plus de vertus privées, plus de bonnes mères de famille, plus de femmes dont le soin de leur maison, de leurs enfants, fait l'unique occupation et l'unique plaisir, parmi les industriels bourgeois, les commerçants, que dans les classes très-élevées; les mœurs sont plus sévères, plus régulières; et une mère croirait manquer à ses devoirs si sa fille pouvait un instant se soustraire à sa surveillance.

C'est de cette surveillance attentive d'une mère à sa fille, de ces premières leçons de morale données dès l'enfance, leçons qui paraissent inaperçues, et qui pourtant font de ces impressions durables qui ne s'effacent jamais, que dépendent les vertus d'une jeune personne et le bonheur de sa vie entière.

Lorsque l'enfant sait lire, l'année suivante peut être employée à lui donner aussi des notions d'écriture... De même que pour la lecture, il existe beaucoup de méthodes pour donner en peu de temps cette science aux enfants; mais celle que madame Darmières trouvait préférable et avait adoptée était la méthode de Carstair; elle réunit la simplicité à la facilité, cependant l'enfant doué d'une compréhension plus facile, qui sera plus appliqué, plus réfléchi, apprendra en beaucoup moins de temps que celui dont la compréhension sera moins aisée, ou dont l'étourderie et la vivacité seront la base de son caractère; car, il ne faut pas se le dissimuler, il n'y a rien d'attrayant pour l'enfance dans les premiers éléments de l'instruction. La bonne institutrice tâchait donc autant qu'il était en elle de remédier à ces inconvénients en rendant les premiers éléments amusants autant qu'utiles.

La lecture, disait-elle souvent à ses élèves qui, même dans les classes supérieures, laissaient parfois échapper quelques défauts de prononciation ou de sens, la lecture est plus difficile qu'on ne le croit communément. Il ne suffit pas en effet de savoir lire couramment pour atteindre la perfection dans cette connaissance; la manière de faire sentir en lisant les diverses impressions du sujet qu'on a sous les yeux s'exprime par les diverses inflexions de la voix; la ponctuation est d'ailleurs la base de la lecture. Autant elle intéresse lorsque celle qui la fait sait, par des accents variés, selon le sens du texte, peindre les émotions, les sensations, l'intérêt des personnages mis en scène ou des événements retracés, autant elle est fastidieuse et monotone dépouillée de cette animation que donne le talent du lecteur.

Dès l'âge de cinq ans, une jeune personne doit recevoir avec fruit les leçons d'écriture; on ne saurait trop s'appliquer à acquérir la perfection dans cet art qui non-seulement est une des bases de toute bonne éducation, mais dont encore l'utilité se fait sentir dans toutes les circonstances de la vie. Une écriture nette et régulière frappe agréablement l'œil qui la contemple, et dispose à juger favorablement la personne qui l'a tracée. Celle en effet qui apporte dans son écriture le soin, l'élégance, la propreté, la régularité, doit aussi s'observer dans sa conduite et se montrer attentive dans l'accomplissement de ses devoirs. L'écriture d'ailleurs est l'âme du commerce et la clef des arts et des sciences; sans elle on ne saurait conserver dans sa mémoire l'ordre des affaires ni toutes les idées inspirées par le génie des grands hommes; c'est par l'écriture qu'ils sont passés à la postérité et font aujourd'hui les délices de notre siècle. Elle est, de plus, la règle de l'avenir et la messagère des pensées. Sans ce puissant secours, comment feraient ces hommes célèbres qui nous transmettent chaque jour les applications de tels ou tels sujets propres à former notre cœur et à régler notre conduite? Leur mémoire ne leur permettrait pas de retenir un discours improvisé avec la chaleur du génie ; et nous aurions la douleur de n'entendre qu'une seule fois ce dont nous pouvons tirer tant de fruit en le méditant et en le relisant chaque jour.

L'écriture anglaise est à la mode, elle est agréable et gracieuse tracée à main posée, mais courue elle est peu lisible ; le *d* mal formé se sépare et forme un *c* et un *l*. D'autres lettres ont un inconvénient semblable ; madame Darmières pensait qu'une écriture mixte, composée de l'ancienne bâtarde et des *m* et des *n* de l'écriture anglaise, offrait de notables avantages ; ses élèves, en suivant cette méthode, avaient presque toutes acquis une écriture belle, à la fois agréable et lisible.

Mais l'écriture, dans l'institution de mademoiselle Darmières, n'était pas employée seulement aux études et aux travaux de l'enseignement; elle habituait ses élèves à se familiariser avec l'art de la correspondance, elle leur inculquait par l'usage les secrets du style épistolaire, le plus difficile de tous, et celui cependant dans lequel tant de femmes célèbres se sont fait un nom immortel; après leur avoir dit combien la simplicité, le naturel étaient préférables à la recherche, elle leur traçait en ces termes les règles de la correspondance, car si avec de l'esprit et de la facilité on peut écrire une lettre dont la lecture soit agréable pour la personne qui la reçoit, il est des usages, des formules qu'il est avant tout nécessaire de connaître avant d'engager une correspondance même avec les plus intimes amis et jusqu'aux auteurs de ses jours.

L'étude que cette connaissance exige n'est ni longue ni difficile, disait madame Darmières; elle est importante cependant et mérite toute votre attention.

Le style épistolaire est la manière dont on énonce ses pensées. Il y a plusieurs sortes de style; mais comme les jeunes personnes ne doivent que rechercher le style simple, le seul qu'il leur convienne d'employer dans leur correspondance, je ne parlerai que de celui-là; et pour en donner une défini-

L'amie.   2

tion exacte et de nature à faire connaître la différence entre celui qui convient dans la conversation ordinaire, et celui que l'on emploie dans les discours graves et sérieux, je me servirai de quelques comparaisons dont vous apprécierez facilement la justesse.

Une lettre n'est qu'un entretien familier entre personnes absentes, et celle qui l'écrit doit converser comme si tel interlocuteur auquel elle s'adresse était présent : une telle conversation exige un langage simple et naturel ; toute expression recherchée serait au moins ridicule. Que penser en effet de ces personnes qui se servent de grands mots, qui emploient de riches figures pour rendre les pensées les plus simples, exprimer les choses les plus vulgaires ? Ne ressemblent-elles pas à un enfant qui, pour paraître grand, monterait sur un piédestal ?

Mais s'il faut être mesuré quant au langage, s'il faut, en d'autres termes, régler son style sur la nature du sujet que l'on traite, on ne doit pas être moins réservé sur les règles que l'on doit suivre quant aux égards. On écrit à des gens de tout âge, de toute condition ; il faut s'appliquer à porter à tous un langage différent ; c'est là qu'est la convenance et le rang de la personne à qui on écrit. Le degré d'amitié, de liaison, de parenté, d'âge, doivent régler diversement le style et l'étiquette de la correspondance.

Qui ne sait en effet qu'il faut écrire aux personnes d'un rang très-distingué avec un ton très-respectueux, et que les mêmes égards sont dus aux personnes âgées ? Cette obligation est imposée à tout le monde et particulièrement aux jeunes personnes. Le ton, le langage, tout doit être dans les convenances, et ce ton et ce langage diffèrent essentiellement si la conversation ne se passe pas entre personnes égales. Par exemple, ne serait-il pas bien ridicule qu'un fils écrivît à son père comme un père écrit à son fils ? Il n'est pas nécessaire de faire remarquer ici, vous le sentez, mes jeunes amies que, ces convenances doivent être aussi observées dans la conversation verbale ; et dans l'un comme dans l'autre cas, il faut écrire ou parler d'une manière claire et facile, et cette obligation, je le répète, est plus nécessaire encore quand la conversation se passe entre personnes absentes.

Celle qui écrit doit donc s'observer attentivement : il faut qu'elle connaisse bien la valeur des mots dont elle se sert pour rendre sa pensée, qu'elle évite d'employer souvent les mêmes expressions, car rarement il est permis de les répéter; qu'elle évite surtout les redites, elles sont toujours défendues.

La concision, qui consiste à ne rien dire de superflu, ajoute beaucoup au mérite d'une lettre. Il ne faudrait cependant pas que cette concision allât jusqu'à se rendre inintelligible. La première chose est de se faire comprendre. Il faut éviter la longueur des phrases. Le style coupé est celui qui convient le mieux, et celui qu'il faut employer dans la conversation par écrit, comme dans la conversation orale.

Tout ce que j'ai dit au reste sur le style épistolaire se trouve renfermé dans cette seule observation. Le caractère et le mérite d'une lettre sont fondés sur le naturel et la délicatesse des pensées, et sur la clarté et la simplicité des expressions.

Il y a, pour le cérémonial des lettres, des règles dont on ne saurait s'écarter sans se montrer étrangère aux lois de la bienséance, et conséquemment sans donner une mauvaise opinion de son éducation et presque de son raisonnement. Ces règles consistent dans certaines formalités sur lesquelles on est généralement d'accord, et auxquelles l'usage, en les consacrant, a donné force de loi.

Toutes ces qualifications, *cher papa*, *chère maman*, *cher parrain*, etc., comme celles-ci, *Monsieur*, *Madame*, *Mademoiselle*, qui désignent en général une supériorité relative dans la personne à laquelle on écrit, qui commandent le respect, ou prescrivent au moins des égards, toutes ces qualités, dis-je, doivent être hors la ligne. On doit les mettre aussi hors la ligne, parce qu'il faut alors les répéter lorsqu'on a fini sa lettre.

L'intervalle qu'on doit laisser entre la qualification et le

commencement de la lettre est plus ou moins grand, selon que
la personne à laquelle on écrit est plus ou moins qualifiée, ou
qu'elle a plus ou moins de droit au respect de celle qui écrit.
Cet intervalle doit être de deux, de trois, etc., lignes au commencement comme à la fin de la lettre. Il est à remarquer que
si l'on est obligé de continuer sa lettre sur le verso de la page,
ou sur tout autre, l'usage et la politesse veulent qu'il y ait au
moins deux lignes écrites sur ladite page, et la première de ces
deux lignes doit commencer à la même hauteur où l'on a écrit
sur la première page le mot *Monsieur* ou *Madame*, etc.

Vous comprenez, et je pourrais me dispenser d'en faire l'observation, qu'une jeune personne écrivant à une autre jeune
personne, n'est pas tenue de donner la ligne : ainsi ces qualifications, *ma chère amie, mon cher frère, ma chère sœur*, etc.
se placent dans la ligne après les premiers mots de la lettre.
Qu'on dise, par exemple : *j'ai reçu, ma chère amie ; je t'annonce, mon cher frère*, etc.

Il n'y a certainement pas grand mérite à connaître et à observer les convenances relatives au corps de la lettre ; mais il
serait honteux de les ignorer. Voici celles de ces convenances
qui passent pour les plus essentielles :

1re REMARQUE. Dans le cours d'une lettre (d'inférieur à supérieur, d'une jeune personne, par exemple, qui écrit à son père
ou à sa mère), il faut répéter au moins ces titres, *Mon cher
papa, Ma chère maman*, etc., ainsi que les qualifications,
Monsieur, Madame, Mademoiselle, etc., surtout si la lettre
est de quelque étendue. On ne peut pas préciser l'endroit de
la lettre où cette répétition doit avoir lieu ; mais on fait en
sorte de la placer vers le milieu : d'ailleurs le sens l'indique
à peu près. Dans aucun cas il n'est permis de mettre ces titres
ou ces qualifications en abrégé.

2e REMARQUE. Il ne faut jamais parler à l'impératif, comme
qui dirait, *recommandez bien à Madame, faites-lui savoir,
apportez-moi, Monsieur*, ou *mon papa, donne-lui ce que tu
sais*, etc. Cette manière de s'énoncer, d'un inférieur à l'égard

d'un supérieur, serait une grande impolitesse et l'indice d'une mauvaise éducation. Il faut dire : *Veuillez bien, je vous prie, recommander; Faites-moi l'amitié, s'il vous plait, de lui faire savoir que...* ou *Je vous prie, Monsieur, de m'envoyer*, etc.

IIIᵐᵉ REMARQUE. — Il ne faut pas qu'il y ait des ratures dans une lettre, ni qu'on y laisse des espaces en blanc entre les lignes, tout cela choquerait les règles de la bienséance. Il serait inconvenant aussi de mettre des additions à la marge ou au bas de la lettre. S'il arrivait néanmoins qu'ayant signé une lettre, on se souvint qu'on eût oublié quelque circonstance importante, on pourrait alors faire usage du *post-scriptum*. (On appelle ainsi ce que l'on ajoute à sa lettre après la signature.) Dans ce cas, on fait précéder ses observations de ces deux lettres *P. S.;* mais comme un *post-scriptum* semble toujours indiquer une certaine négligence, et que dans aucun cas on n'est excusable de s'en être rendue coupable, surtout envers les personnes auxquelles on doit des égards indispensables, on doit prendre des mesures pour n'être pas obligé d'y avoir recours.

Les formules généralement les plus reçues en ce qui concerne les enfants, pour la souscription (signature) des lettres, lorsqu'ils écrivent à un supérieur, père, mère, oncle, tante, parrain, et à toutes autres personnes auxquelles ils doivent des égards, sont, si l'on écrit à un père : par exemple, *je suis, mon très-cher papa*, ou *père, avec un respect et une tendresse sans bornes, ta ou votre très reconnaissante et soumise fille ;* ou si c'est un bienfaiteur, *Recevez, Monsieur, l'assurance de mon respect et de ma profonde reconnaissance; ou c'est avec ces sentiments que je me dis*, etc., ou *Comptez à jamais, Monsieur, sur le respect et la reconnaissance de*, etc.

Votre très, etc.

La date se place indifféremment en haut ou en bas. Il est cependant mieux de la renvoyer près de la signature, afin que l'une et l'autre puissent se saisir du même coup-d'œil.

Il y a plusieurs manières de plier une lettre. La plus simple, celle que l'on doit préférer, consiste à plier le papier sur sa longueur, en trois parties à peu près égales, le plier ensuite sur cette nouvelle longueur aussi en trois parties, dont deux égales, et l'autre plus petite d'environ trois quarts. C'est dans cette dernière que l'on fait entrer une des deux autres. Ainsi pliée, on cachette la lettre, et l'on met l'adresse de l'autre côté.

IV

LA MÉMOIRE.

Que de choses ont été dites pour et contre l'emploi de la mémoire ! Beaucoup d'institutrices craignent qu'elle ne domine l'esprit ; madame Darmières, au contraire, pensait que, formée dès l'enfance, elle lui ouvre un champ plus vaste ; aussi avait-elle coutume de dire : l'important est de ne pas faire de la mémoire *une servante maîtresse.* Elle le devient en effet lorsqu'on lui donne un développement dénué d'explication et d'instruction, et que l'on accumule sans discernement dans une jeune tête une foule de mots non compris et de choses d'une trop haute portée. Certes, il faut se garder de faire des très-jeunes personnes des perroquets que l'on siffle au lieu de les instruire ; mais si la mémoire est reconnue utile, il faut la former de bonne heure : c'est une faculté morale, mais elle a sa portion de mécanisme, et l'on doit utilement employer le temps où le jugement n'est pas encore formé à fortifier tout ce qui tient au mécanisme.

Mais que faire apprendre aux enfants? Des fables. Jean-Jacques les a proscrites, et il n'est pas bien certain qu'il n'ait pas eu raison, quoique beaucoup d'exemples prouvent le contraire; madame Darmières pensait, au reste, que l'application de la morale des fables n'est pas si tardive qu'on le croit chez les enfants; elle rappelait à ce sujet avec complaisance qu'une de ses petites élèves, après avoir entendu à la table de son père un de ses convives louer avec exagération son esprit, la grâce de sa femme, la beauté de ses enfants, le mérite de son cuisinier, la beauté de ses porcelaines, dit avec vivacité : « Papa, ce monsieur vous prend pour *Maître Corbeau.* ! »

L'institutrice attentive avait donc fait un choix judicieux parmi les fables de La Fontaine et de Florian, et elle faisait apprendre à ses petites élèves : l'Enfant et le Miroir, — Le Berger et le Garde-Chasse, — Le petit Grillon, — Le jeune Prince et son gouverneur, — Le loup et l'Agneau, — Les deux Mulets, — La Maison de Socrate, — La grenouille qui veut imiter le bœuf, etc., etc. Ces fables, dont la douce et naïve moralité est à la portée de la plus simple intelligence, elle les leur expliquait à la manière dont miss Edgeworth a expliqué à ses élèves des morceaux de poésie anglaise, s'appliquant sans cesse, non pas à former leur raison, mais à étendre leur jugement. « La raison est un résultat, disait-elle, il faut la faire naître; on ne l'enseigne pas. »

La mémoire est le chemin le plus sûr et le plus court pour bien savoir les dates et les grands événements de l'histoire; madame Darmières joignait aux récits faits de mémoire le soin l'interroger ses élèves sur les choses qu'elles avaient apprises, en les obligeant à construire elles-mêmes les phrases, sans répéter celles de l'auteur; peu importe en effet que l'élève redise sa leçon mot par mot, pourvu que le fait soit clairement énoncé par elle, et que la date précise soit pour jamais fixée dans sa mémoire.

Elle se plaisait aussi parfois, lorsque le travail de ses élèves avait été satisfaisant et leur conduite régulière, à leur raconter quelqu'histoire morale, et pour s'assurer qu'elles avaient suivi

avec attention et intérêt le fil des événements dont elle leur
faisait le récit, et qu'elles en avaient en même temps appré-
cié les leçons morales, elle leur faisait, à quelques jours de distance, conter de nouveau l'histoire qu'elle avait dite elle-
même ; un jour les ayant réunies sous un frais berceau du
jardin, elle leur conta l'histoire suivante que ses souvenirs
empruntaient à des excellens ouvrages de la célèbre fondation de l'institution d'Écouen.

HISTOIRE D'UNE FAMILLE VERTUEUSE.

Le bonheur, la fortune, la paix de la conscience, mes chères
élèves, sont toujours la récompense d'une conduite exemplaire,
parce qu'elle ne manque jamais d'attirer l'attention et l'appui
des gens vertueux ; l'histoire que je vais vous conter en est une
preuve bien frappante, aussi l'écouterez-vous, j'espère, avec
fruit.

Dans la ville de Compiègne existait, en 1789, un honnête
charron qui travaillait beaucoup, et faisait vivre dans l'aisance sa femme et neuf enfants. Ce charron, qui se nommait
Farin, fut, encore dans la force de l'âge, atteint d'une maladie
mortelle qui dura plus de six mois. Sa femme, grosse de son
dixième enfant, désolée de voir souffrir son mari, le veillait
toutes les nuits : elle ne pouvait diriger les travaux de l'atelier ; les ouvriers se dérangèrent, les pratiques diminuèrent,
puis cessèrent tout à coup.

La maladie de ce chef de famille obligea sa femme à faire de
l'argent des pièces de bois de charronnage qui étaient dans le
magasin ; on eut recours ensuite à la vente d'une montre d'or,
à celle des couverts d'argent, puis enfin au meilleur linge de la
maison. Quoique le pain ne fût pas cher alors, nourrir dix personnes par jour amenait une forte dépense, et celle des médi-
caments pour le pauvre malade était encore plus grande; enfin,

Il fallut vendre jusqu'aux lits des plus jeunes enfants, et déjà les infortunés étaient couchés sur la paille quand leur père mourut.

La malheureuse veuve accoucha peu de temps après la mort de son mari ; mais, épuisée par ses fatigues et par sa trop grande douleur, elle périt quelques jours après avoir donné la vie à une jolie petite fille. Dix enfants sans père, sans mère ! Que va devenir toute cette famille ? Ne craignez rien pour elle, mes chères filles ; la religion, les vertus, l'amour du travail la soutiendront, et l'on ne verra point ces intéressants orphelins demander leur pain dans les rues, et risquer de prendre les vices des mendiants.

Sachant qu'elle ne pouvait payer une nourrice, et ne se croyant pas si près de son dernier moment, la pauvre veuve Farin voulait nourrir l'enfant dont elle venait d'accoucher. Heureusement une jeune voisine, qui allait sevrer son fils, au lieu de faire passer son lait, résolut de se charger, par charité, de cette petite infortunée, qui en tétant sa mère, aurait hâté l'instant de sa fin, et pris une trop mauvaise nourriture. Ce trait de bienfaisance apporta, comme vous le jugez bien, un grand soulagement aux maux de cette mère expirante.

Enfin sa dernière heure arriva : sa raison n'était point troublée, mais son cœur était déchiré lorsqu'elle pensait à cette famille qu'elle laissait si dénuée de tout. Depuis longtemps elle avait perdu ses parents ; et son mari, né dans une province très-éloignée, n'en avait aucuns qui pussent s'intéresser au sort de ses enfants.

Le respectable curé de la veuve Farin, la sœur supérieure de la Charité qui avait élevé ses deux filles aînées, et de bonnes voisines, ne la quittaient plus ; toutes les consolations de la religion et de l'amitié adoucirent ses derniers instants.

On l'entendait sans cesse soupirer et dire : Que ferez-vous sur la terre, mes chers enfants, sans parents et sans pain ? Elle répéta pour la dernière fois ces paroles, mais d'une voix si affaiblie, qu'elles annonçaient l'instant fatal. Alors Henriette rassemble tous les enfants, les fait mettre à genoux auprès du

lit de leur mère; Edmond s'écrie, avec un accent qui partait
du fond du cœur et se mêlait à des sanglots étouffés: « Ma mère,
« je travaillerai pour eux, je ne me marierai point, je serai leur
« père ! — Et moi leur mère, » dit en même temps Henriette.

La mourante se ranime à ces mots, et, soutenue par la sœur
supérieure, elle se lève sur son séant, étend la main sur ses
neuf enfants, qui fondaient en larmes, et dit :

« Henriette, Edmond, mes enfants, Dieu vous bénira et je
« vous bénis en son nom. » Épuisée par un dernier effort, elle
retombe sur son lit et expire. Ses amis, ses voisins, se coti-
sèrent pour payer les frais de son convoi : il ne fut pas celui
des pauvres. Les enfants accompagnèrent les restes inanimés
de leur tendre mère, et ce cortège si attendrissant attira presque la foule sur son passage.

Il fallut que les orphelins se hâtassent de quitter la maison
de leur père : un chantier commode, un bel atelier, de bonnes
chambres, décidèrent un charron à prendre le reste du bail.
Au fond d'un petit jardin qui dépendait de la maison il y avait,
au-dessus d'une ancienne étable, deux chambres et un cabinet
lambrissés : on y entrait par une échelle de meunier; le charron
qui s'établit dans la maison eut la charité de laisser ce petit
local aux pauvres enfants. A l'exception de quelques matelas,
d'un peu de linge grossier, d'ustensiles de ménage, on vendit
le reste du mobilier, et Henriette reçut pour tout bien patri-
monial de cette nombreuse famille, une somme de quarante
francs.

L'habitude de la propreté devient un premier besoin de la
vie, et la bonne mère Farin avait donné cette précieuse qualité
à tous ses enfants. Henriette et Edmond ne voulurent pas que
leur demeure fût d'une saleté rebutante; ils achetèrent un peu
de blanc d'Espagne, Edmond le prépara à la manière des pein-
tres en bâtiments, emprunta une brosse, et blanchit les chambres. Henriette s'établit avec ses sœurs dans la plus grande
pièce, qui avait une cheminée; elle mit les quatre plus jeunes
garçons dans la seconde; Edmond se réserva le petit cabinet,
Éclairé par une lucarne qui donnait sur la campagne, le jour

y était fort bon; il y porta ses livres et les cahiers de ses classes; et dans ce petit réduit il continua ses études avec une ardeur excitée par le désir de sortir de sa triste position et de secourir sa famille. La chirurgie était l'état qu'il voulait embrasser, et le chirurgien qui avait soigné ses parents voulut bien s'engager à lui procurer tous les livres nécessaires.

Voilà donc les orphelins logés; mais bien comparables à une nichée de pauvres petits oiseaux privés à la fois des ailes protectrices d'une mère, et de la pâture que leur apportait leur père, comment vont-ils vivre?

Dans une grande ville il y avait tant d'êtres souffrants, que la charité ne peut fournir à la totalité des besoins d'une nombreuse famille. Le bon curé de leur paroisse les porta sur ses registres d'aumônes pour quatre-vingt-seize livres de pain par mois; la sœur supérieure leur fit donner huit livres de viande; par semaine, une pinte de lait par jour, un boisseau de farine et une bouteille d'huile à brûler par mois. Ces secours considérables étaient cependant bien au-dessous des besoins de neuf enfants qui mangeaient onze livres de pain par jour: cela faisait trois cent trente livres par mois; on leur en donnait seulement quatre-vingt-seize.

Henriette avait seize ans, Edmond quinze, Julie quatorze, Henri treize, Charles douze, Adélaïde onze, Amédée huit; Léon sept, Sophie six; et la petite Alexandrine qui venait de naître, grâce aux soins de la bonne voisine, annonçait devoir vivre.

Henriette était très-habile ouvrière en linge, car elle n'avait jamais été paresseuse; Julie avait suivi son exemple, et on la citait pour une des meilleures brodeuses de la ville: ces deux courageuses filles se levaient tous les jours à cinq heures, veillaient souvent jusqu'à onze heures du soir, et parvenaient à gagner par mois trente-trois francs. Adélaïde, très-habile à son rouet, filait de très-beau lin, ce qui tous les mois lui rapportait cinq francs: trente-huit francs formaient donc par mois le revenu de ces neuf enfants.

En retranchant de trois cents livres de pain que les enfants consommaient pendant cet espace de temps, les quatre-vingt-seize livres accordées par le curé, il en restait à payer deux cent trente quatre livres. Le pain bis dont ils se contentaient ne coûtait alors que deux sous la livre, ce qui employait vingt-trois livres huit sous. Il ne restait donc que quatorze livres douze sous pour acheter des pommes de terre, du sel, et pour payer le savon, les aiguilles, le fil et le coton des ouvrières. Aussitôt qu'Henriette était levée, elle peignait, débarbouillait, habillait ses enfants; toujours munie d'une aiguille enfilée, elle raccommodait les trous ou les accrocs de la veille. Pendant qu'avec son heureuse activité elle réparait leurs vêtements, elle faisait faire la prière aux plus jeunes, ensuite elle leur donnait, à déjeuner, des pommes de terre cuites dans du lait, ou du fromage mou sur du pain; puis, après avoir mis dans le panier de ses enfants un catéchisme et un second morceau de pain, elle envoyait les deux petites filles à l'école des sœurs et les garçons à celle des frères lazaristes.

Jamais on ne les voyait jouer à la bille dans les promenades, ni s'arrêter pour voir les jeunes oisifs de la ville jouer au battoir. Sans se détourner, sans oser parler à personne, ils se rendaient à leur école, et étaient toujours les premiers placés sur leurs bancs.

Il faut que vous le sachiez, mes jeunes amies, dans les écoles des riches, comme dans les écoles des pauvres, sans qu'ils puissent s'en empêcher, les maîtres s'attachent de préférence à ceux de leurs élèves qui font le plus de progrès, et leur en font faire encore davantage. Par devoir, ils donnent leurs soins à tous les écoliers; mais un penchant auquel ils ne peuvent résister, et dont on ne saurait les blâmer, porte leurs cœurs vers les enfants qui savent écouter les leçons et en profiter.

Charles, Amédée et Léon ayant le plus grand besoin de s'instruire, furent bientôt les premiers de leurs classes; en peu de temps ils acquirent une jolie écriture, une bonne orthographe, et la connaissance des calculs les plus nécessaires. De leur côté, Adelaïde et Sophie étaient les petites filles citées

dans leur école pour leur bonne conduite et leurs progrès.
Henriette avait prié la supérieure de rendre ses petites sœurs
habiles dans le tricot et la filature du lin : elle savait qu'on ne
devient habile tricoteuse et fileuse qu'en commençant fort
jeune à acquérir ces utiles talents. Elle se réservait de montrer son état à ses sœurs quand elles auraient fait leur première communion.

Tous les matins, après le départ des plus jeunes enfants
pour les écoles, Henriette, Edmond, Henri, Julie, se réunis-
saient pour faire leur prière; ils déjeunaient ensuite, et, sans
perdre un seul instant, Edmond s'enfermait avec Henri pour
lui enseigner les calculs, la tenue des livres de commerce, et
pour perfectionner son écriture. Le parrain de ce jeune
homme était un des plus riches marchands de Compiègne; il
avait promis de se charger de lui aussitôt qu'il pourrait se
rendre utile à son magasin. C'était pour hâter ce moment
qu'Edmond se donnait tant de peine à instruire son frère.
Après cela, il se livrait cinq à six heures sans interruption à
l'étude de ses chers livres de chirurgie et de médecine.

Henriette et Julie auraient pu gagner plus de trente trois
livres par mois, tant elles étaient habiles à l'aiguille; mais,
fidèles observatrices du saint jour du dimanche et des jours de
fête, il y avait quatre ou cinq jours par mois sans travail; il
en fallait aussi employer trois à faire une petite lessive. Henri,
qui avait atteint sa quatorzième année, était très vigoureux.
Tous les jours, après le travail dans le cabinet d'Edmond, il
allait faire du bois dans la forêt. Ses frères en sortant de l'é-
cole, allaient l'y retrouver, et l'aidaient à rapporter à la maison de fortes bourrées qu'ils rangeaient sous le hangar dans
le jardin.

Henriette qui ne manquait point de cendres, parce que ses
frères ne la laissaient pas manquer de bois, et allaient lui
chercher de l'eau à la fontaine, coulait régulièrement sa lessive, puis allait avec Julie la remuer et la savonner à la rivière.
Elle demanda aussi à ses jeunes frères de se lever avec le jour
pour aller, à l'époque de la moisson, glaner de l'orge et de l'a-

voine chez les fermiers qu'elle connaissait ; une voisine lui avait promis six poulettes des couvées de sa basse-cour ; la bonne petite ménagère voulait de cette manière amasser leur nourriture ; et au bout de quelque temps de bons œufs frais lui donnèrent une précieuse ressource pour son petit ménage.

Henriette, Julie et Edmond avaient conservé quelques paires de souliers ; les autres enfants ne portaient plus que des sabots, et ils n'y avaient point été habitués ! Mais bientôt cette position changea par l'intérêt général qu'inspiraient les vertueux orphelins. Oui, mes jeunes amies, ce fut ainsi qu'ils furent désignés dans toute la ville. Y a-t-il sur la terre des titres qui puissent surpasser celui que ces enfants durent à l'estime publique ?

Tout le monde était enchanté de la perfection des ouvrages d'Henriette et de Julie, de l'exactitude avec laquelle elle les rendaient, et de leurs manières douces et polies. Bientôt elles furent préférés à toutes les autres ouvrières de la ville. De bonnes mères, qui admiraient leurs principes et leur conduite, vinrent les supplier de prendre leurs filles en apprentissage. On leur donna quatre élèves déjà avancées dans la première couture, telle que les ourlets et les surjets, et qui savaient très bien marquer. Enseignées avec douceur et précision, elles furent très-promptement en état de détailler, de diriger leur propre ouvrage ; elles en faisaient au moins autant que leurs deux maîtresses, et les trente huit livres de revenu pour chaque mois se trouvèrent ainsi plus que doublées.

Les mères de ces apprenties, charmées des progrès de leurs filles, vinrent prier leurs jeunes maîtresses de les recevoir le dimanche et les jours de fête ; de les mener avec elles à la paroisse, à la promenade ; ce qui leur était d'autant plus facile, qu'Edmond, ces jours-là, se chargeait de ses frères.

Voilà donc Henriette à la tête d'une petite école. Au retour de la grand'messe elle faisait faire à ses élèves quelques bonnes lectures ; après vêpres, elle les menait dans les promenades solitaires, puis les reconduisait chez leurs mères. Ces braves femmes ne savaient quelle fête faire à une si bonne maîtresse : sans être riches, elles avaient des petits commerces assez lucratifs, et s'entendirent entre elles pour donner à Henriette des choses utiles à sa nombreuse famille.

Tantôt une de ces mères lui apportait un joli aunage de mousseline ; tantôt une autre lui faisait cadeau de toiles peintes. Souvent on lui envoyait des lapins, des pigeons, des fromages ; ces femmes reconnaissantes ne cuisaient jamais sans qu'une forte galette ne fût destinée aux vertueux orphelins, et elles ne tuaient pas un porc dans leurs ménages sans que la meilleure part de boudins et de saucisses ne leur fût réservée. Vous pensez bien qu'Henriette et Edmond regardèrent alors comme un devoir de prier leur pasteur et la sœur supérieure de donner à des êtres plus infortunés qu'eux les secours qui leur avaient d'abord été si précieux.

Voilà comment le travail fait fuir l'horrible et honteuse misère. Cependant ces premiers succès ne ralentirent en rien le zèle d'Henriette. Six mois après, elle se trouva assez d'économies pour donner de bons souliers à ses jeunes frères et à ses petits sœurs.

Quel fut son bonheur le premier dimanche où elle n'entendit plus ses chers enfants *saboter* en traversant la nef de la paroisse pour aller prendre leurs places habituelles dans l'église! Ses prières en actions de grâces furent, ce jour là, plus ferventes que jamais, et son âme attendrie connut ces moments de joie pure qui se renouvellent rarement sur la terre, et n'y sont éprouvés que par des cœurs vertueux.

En rentrant chez elle, Henriette, pénétré de ces sentiments, s'enferma seule dans le cabinet; elle se prosterna, et s'adressant à ses parents comme s'ils eussent été vivants: « Mon brave » père, ma tendre mère, s'écria-t-elle, vous n'êtes plus ici-bas » avec nous, et voilà vos enfants aussi bien vêtus, aussi bien » nourris qu'ils étaient quand ils le devaient à votre travail, » à votre économie. Jouissez du haut des cieux où vos belles » âmes sont sûrement placées, jouissez, mes chers parents ; » ce que nous avons fait est votre propre ouvrage ; votre piété,

» vos bons exemples, nous ont formés, et Dieu a béni vos der-
» nières prières et nos serments. »

Le cœur rempli de cette vive et touchante piété, Henriette se
rendit à l'instant même chez la sœur supérieure amie de sa
mère : « Ma sœur lui dit-elle, Dieu a récompensé mon zèle,
» ma nombreuse famille est pourvue de tout ce qui lui est néces-
» saire; dans ma reconnaissance, je viens contracter auprès de
» vous un nouvel engagement. J'aurai bientôt dix-huit ans :
» dans douze ans, mes enfants seront élevés; mes frères aînés
» leur serviront d'appui, ils n'auront plus besoin de moi, alors
» je me dévouerai pour le reste de mes jours aux pieux devoirs
» de votre ordre.» La bonne sœur supérieure embrassa l'estimable Henriette et reçut son serment, bien certaine qu'elle y
serait fidèle.

Deux ans après la mort des parents de ces orphelins, le chirurgien qui avait procuré des livres à Edmond fut si étonné de
ses progrès, qu'il profita d'un séjour de la cour à Compiègne
pour présenter ce jeune homme au premier chirurgien du roi.
Satisfait de la facilité d'Edmond à traduire ses auteurs latins,
étonné des lumières qu'il avait déjà puisées dans les livres de
chirurgie, il lui promit son appui, et lui prédit de grands succès dans l'état qu'il avait choisi. Ce nouveau et puissant protecteur devait à ses seuls talents le poste honorable qu'il occupait, et conservait pour les êtres malheureux et laborieux les
sentiments de bienveillance qu'inspirent les souvenirs d'une
jeunesse peu fortunée.

Il accorda au jeune Edmond un ordre pour qu'on l'admit
élève à l'hôpital de Paris, avec la nourriture ; il fit bien plus,
il entretint le roi, à son lever, des talents et de la bonne conduite de cet orphelin, et obtint de sa majesté une gratification
de six cents francs pour lui acheter une trousse d'outils et des
livres utiles à sa profession. Lorsque Edmond partit pour Paris,
le parrain d'Henri le trouva assez instruit pour le prendre dans
sa maison de commerce : les plus jeunes garçons suivirent
toujours leurs écoles; et cinq ans après, Edmond, étant nommé

chirurgien aide-major avec un traitement, obtint pour son frère Charles la place qu'il laissait vacante.

Du moment qu'Henriette eut trois hommes de moins à nourrir, le produit de son travail lui donna beaucoup d'aisance; elle se logea plus commodément, reçut quatre élèves de plus, indemnisa avec générosité la bonne voisine qui s'était chargée de sa petite sœur Alexandrine, et reprit cette enfant qu'elle chérissait avec une affection toute particulière.

Julie était perfectionnée à tel point dans le talent de la broderie qu'une des plus riches lingères de Paris, venue à Compiègne pour y voir ses parents, demanda avec instance à Henriette de lui donner sa sœur Julie. Le traitement que cette marchande lui offrait était très-avantageux ; mais l'idée d'une séparation affligeait Henriette et Julie au point qu'elles étaient prêtes à refuser cette place, lorsque les avis et même les prières de leurs amis les décidèrent à l'accepter.

Je prenais le plus tendre intérêt, dit madame Campan, au sort de tous ces enfants, et je jouissais quand des événements heureux venaient récompenser leurs rares vertus. Mais les malheurs arrivés en France en 1792 me firent quitter Paris et Versailles, et j'avais été quatorze ans sans rencontrer aucune des personnes qui pouvaient m'instruire de la destinée de cette intéressante famille, lorsque le chirurgien de Compiègne, premier protecteur d'Edmond, eut occasion de me venir voir.

Je m'empressai de lui demander des nouvelles des enfants du pauvre Farin, auxquels il avait autrefois accordé tant de bienveillance; il me dit qu'assurément il n'aurait pas manqué de m'instruire du sort heureux de ces vertueux orphelins, et m'apprit qu'Edmond avait joint à ses études en chirurgie celles de la médecine, et qu'il la pratiquait avec succès à Paris, où il jouissait d'une très-belle fortune. Il y a six mois, me dit ce bon vieillard, qu'Edmond a marié sa sœur Sophie à un jeune médecin de Montpellier établi à Paris, et qui y est déjà fort estimé; il est venu me prier d'assister à cette noce, et je ne puis vous donner une plus juste idée de la position actuelle de la famille Farin qu'en vous faisant la peinture fidèle du tableau à la fois touchant et moral dont j'ai été témoin, le jour même du mariage de Sophie.

Fidèle à son engagement, Edmond ne s'est point marié, et a même refusé de très-avantageux établissements ; Henriette, aussi exacte à remplir son serment, a embrassé la vie monastique. Lorsqu'on a rétabli les ordres fondés par saint Vincent de Paule, ses vertus et ses talents l'ont promptement fait désigner pour supérieure d'un de nos plus grands hospices.

Le jour du mariage de Sophie, de bonnes voitures conduisirent la totalité de l'assemblée à la paroisse d'Edmond, où se fit la cérémonie religieuse. En rentrant chez lui, nous y trouvâmes un magnifique repas. Parmi tout ce monde je ne connaissais que la sœur supérieure et son frère Edmond, qui n'a jamais cessé de me rendre tous les soins de la plus vive reconnaissance. Placé à la table auprès d'Henriette, je la questionnai sur toutes les personnes qui composaient l'assemblée.

Cette dame qui est au haut de la table, me dit-elle, c'est ma sœur Julie : le fils de la lingère chez laquelle elle était première fille de magasin l'a préférée à tous les partis auxquels il pouvait prétendre. Sa mère a heureusement partagé son opinion ; elle a consenti à cette union, et ma sœur se trouve à la tête d'un très-beau magasin de lingerie : sa fortune est considérable ; elle vient de donner un très-beau trousseau à Sophie, qu'Edmond a dotée de quarante mille francs. Auprès d'elle, vous voyez mon frère Henri : son parrain l'épicier l'a marié à une de ses nièces, à laquelle il a donné un fond d'épicerie dans un gros bourg voisin de Compiègne ; elle a depuis hérité d'une assez belle ferme, leur commerce a prospéré, ils jouissent d'une honnête aisance, et sont fort heureux.

A côté de lui est ma sœur Adélaïde ; elle a renoncé au mariage, et s'est dévouée aux soins qu'exige la maison d'un frère qui a fait tant de sacrifices pour servir de père à sa famille. Celui que vous voyez après, et qui a la croix de la Légion, sans uniforme, c'est Charles, mon troisième frère ; il a servi longtemps nos armées comme chirurgien-major : sa santé exigeait du repos, il s'est fixé dans le bourg où réside Henri ; il y a fait de bonnes affaires, et s'y est marié avantageusement. Quel est, dis-je alors à la sœur Henriette, le jeune homme en uniforme de colonel ? Sa figure est charmante, et son extérieur tout-à-fait distingué. C'est mon petit Amédée, reprit la bonne sœur; son âge l'a naturellement conduit à embrasser la carrière des armes : on dit qu'il a fait des prodiges de valeur. Il est marié à cette jolie personne que vous voyez placée auprès d'Edmond, du côté opposé à celui où est la mariée : elle est la fille d'un général dont Amédée a été aide-de-camp. A côté d'elle est mon plus jeune frère Léon; il est déjà capitaine, et a reçu ce grade sur le champ de bataille.

Quoi ! m'écriai-je, voilà donc les étonnants succès qu'ont obtenus les soins et les bons exemples de deux enfants ! C'est Dieu qui a tout fait, me dit la pieuse sœur en me prenant la main, et ce n'est qu'en respectant ses lois que les hommes prospèrent sur la terre. Les yeux de l'estimable Henriette et les miens étaient remplis des plus douces larmes, lorsque notre entretien fut interrompu par la voix du colonel qui se leva tenant à la main un verre de vin, et de la meilleure grâce et du son de voix le plus agréable porta en ces mots la santé d'Edmond et d'Henriette : « Puisse le ciel conserver la plus » longue vie à notre vertueux frère Edmond, à notre vénérable sœur Henriette ! puissent-ils voir longtemps nos enfants marcher dans la route qu'ils nous ont tracée ! puissent » nos enfants à leur tour entretenir parmi eux les principes » et l'union qui ont été la source de notre bonheur ! »

En prononçant ces derniers mots, la voix d'Amédée était altérée; il s'assit, et fut obligé de porter son mouchoir sur ses yeux. Les larmes que versent des gens d'une valeur éprouvée produisent toujours la plus vive émotion, et toute l'assemblée partagea celle du brave colonel ; mais ayant dominé ce mouvement d'attendrissement, et ne voulant pas que trop de sensibilité vînt troubler une scène de joie, Amédée se leva de nouveau et dit : Buvons tous à la santé d'Edmond et d'Henriette. Alors les bouteilles circulèrent, les verres se remplirent, et les discours joyeux recommencèrent.

Après que les santés furent portées, Amédée envoya à ses sœurs, à chacun de leurs enfants et à toutes les personnes invitées, une belle médaille en bronze qu'il avait fait frapper pour conserver dans la famille la mémoire de cet heureux jour. Sur un côté de la médaille on lisait ces mots : « Hommage aux vertus d'Edmond et d'Henriette Farin, restés à quinze et seize ans chefs d'une famille de dix orphelins dont le sort est parfaitement heureux. » La date du jour du mariage et les noms des époux étaient gravés au-dessous de ces mots ; de l'autre côté était exécutée en bas-relief la fable de La Fontaine où le père de famille fait voir à ses enfants que beaucoup de baguettes réunies et liées ensemble ne peuvent être rompues ; mais que séparées et désunies, chacune dans leurs mains, il leur devient facile de les casser. De ce côté de la médaille on lisait ces mots : « L'union des familles fait leur force et leur bonheur. »

En sortant de table, la sœur Henriette m'invita à passer dans une pièce voisine de la salle à manger. Là je vis, autour d'une table couverte d'assiettes de pâtisseries, de fruits, de confitures, quatorze enfants brillants de cet éclat de santé, de cette fraîcheur du premier âge encore embellis par l'élégance de la parure : l'aîné de tous était un joli garçon de dix ans ; les plus jeunes avaient quatre et cinq ans. Alexandrine s'était chargée du soin de Félix, et de soigner ses neveux et nièces.

Elle se leva pour venir recevoir sa sœur, qui me la présenta. Je vis une jolie blonde d'une taille très-élégante, vêtue en flanine noir, et n'ayant qu'un bonnet et un fichu de simple mousseline. Henriette me dit qu'Alexandrine voulait, à son exemple, se dévouer au service de Dieu et des pauvres. « Oui, reprit cette jeune personne en s'emparant de la main de sa sœur qu'elle baisa avec transport, au service de Dieu et des pauvres, et aux soins que je dois à la plus tendre des mères. Adélaïde s'est chargée d'acquitter notre reconnaissance

» envers Edmond, et moi j'aurai le bonheur de ne jamais
» quitter notre bonne Henriette. »

Quelle puissance, quelle magie, mes chères amies, dit madame Darmières en terminant ce touchant récit, avaient produit un changement de position aussi surprenant ? La bonté
divine qui, à la fois, donne et récompense la piété, l'amour
du travail, la sobriété et la modestie.

V

LA GRAMMAIRE ET LA RHÉTORIQUE.

Madame Darmières, convaincue que la première partie de la grammaire doit s'enseigner simplement en faisant apprendre les verbes aux jeunes élèves, préférait pour celles plus avancées des dictées composées, qui emploient successivement les règles apprises, à celles que l'on sait d'après un livre. Un trait historique, une maxime utile, une leçon de morale contenue dans un court espace, doublaient l'utilité de ces dictées. Elle avait réduit en simples préceptes les règles de la grammaire, et il lui suffisait, pour les graver dans la mémoire de ses élèves, de leur faire bien saisir : qu'une phrase est un sens quelconque composé de mots; une période un assemblage de phrases jointes ensemble de manière à former dans leur ensemble un sens complet; elle définissait le style, la manière d'énoncer une suite de phrases, avec ce goût et cette convenance qui, en ressortant du sujet, lui prêtent un attrait nouveau, etc.

Elle leur faisait ainsi apprécier l'utilité de bien posséder sa langue; c'était sur cette étude qu'elle dirigeait plus spécialement leurs efforts, et pour celles dont les études avancées demandaient des exercices plus élevés, elle avait rédigé les préceptes d'une rhétorique simple et facile dont elle leur faisait faire l'application dans des récits, des discours et des dialogues dont le sujet était emprunté avec discernement à des ouvrages de morale ou de piété.

La rhétorique, disait-elle, est l'art de persuader. La logique se borne à convaincre en prouvant; la rhétorique sait en même temps convaincre et émouvoir, c'est-à-dire persuader.

Tous les sujets dont s'occupe l'éloquence se réduisent à trois classes que les anciens ont appelé genre de cause :

1º Le genre démonstratif, dans lequel on blâme ou on loue ;

2º Le genre délibératif, dans lequel on conseille ou on dissuade ;

3º Le genre judiciaire, dans lequel on accuse ou on défend.

Un sujet peut embrasser deux de ces genres, et quelquefois les réunir tous trois.

La rhétorique se divise en trois parties :

1º L'invention, qui consiste à trouver les choses que l'on doit dire ;

2º La disposition, qui les met en ordre;

3º L'élocution, qui les exprime.

De l'Invention. — Pour persuader il faut prouver, plaire et toucher.

On prouve par les arguments, on plaît par les mœurs, on touche par les passions.

Des Arguments. — Les principales sortes d'arguments sont : le syllogisme, l'enthymème, le dilemme et l'induction.

Le syllogisme est un argument composé de trois propositions, dont la première s'appelle majeure, la seconde mineure, et la troisième conclusion. — Majeure. Il faut aimer ce qui nous rend heureux. — Mineure. Or la vertu nous rend heureux. — Conclusion. Donc il faut aimer la vertu.

L'enthymème est un syllogisme réduit à deux propositions, dont la première se nomme antécédant, et la seconde conséquent. — Antécédant. La vertu nous rend heureux. — Conséquent. Donc il faut aimer la vertu.

Le dilemme divise les moyens de l'adversaire pour les réfuter séparément : ce n'est proprement que plusieurs enthymèmes joints ensemble.

L'introduction est un argument dans lequel on raisonne par des exemples.

Des mœurs. — Les mœurs oratoires consistent dans l'art de se concilier les esprits en donnant de soi-même une idée avantageuse. On y parvient en annonçant dans son discours des qualités estimables, telles que la probité, la modestie, le zèle et la prudence. L'effet des mœurs oratoires est d'intéresser et d'inspirer de la confiance.

Des Passions. — On appelle passions oratoires ces mouvements vifs et irrésistibles qui nous emportent vers un objet ou qui nous en détournent. C'est en excitant les passions que l'orateur achève de triompher de la résistance qu'on lui oppose. Mais pour exciter les passions il faut les éprouver soi-même, soit par un sentiment réel et profond, soit par une imagination vive qui supplée aux sentiments; c'est dans la péroraison que les passions ont une plus libre carrière.

De la Disposition. — La disposition consiste à mettre en ordre toutes les parties fournies par l'invention.

Un discours peut être composé de six parties :

L'exorde, la proposition et la division la narration, la preuve ou confirmation, la réfutation et la péroraison.

L'exorde prépare l'auditeur à entendre le reste du discours; l'objet de l'orateur dans cette partie est de concilier la bienveillance et l'attention de ceux qui l'écoutent. On se concilie la bienveillance par l'expression des mœurs et surtout par un air de probité et de modestie, et par l'idée avantageuse que l'on donne de ceux que l'on défend. On captive l'attention en faisant envisager la chose dont on parle comme imposante et capable d'intéresser la société. L'exorde doit être tiré du fond même de la cause, et de ses circonstances

, On peut distinguer trois sortes d'exorde

. Le début simple, l'exorde par insinuation, et l'exorde brusque (ex abrupto.)

La proposition est l'exposition claire et précise du sujet, elle annonce le point qui est à juger, ou ce qui détermine l'état de la question.

La division est le partage du discours que l'orateur se propose de traiter successivement.

La narration dans le discours est l'exposition du fait assortie à l'utilité de la cause; la narration doit être claire, vraisemblable, brève, agréable autant que possible.

La preuve ou confirmation consiste à établir les moyens, à prouver les vérités annoncées dans la proposition; pour bien arranger les preuves il faut les peser, les comparer, les mêler habilement, pour les faire valoir l'une par l'autre, les placer selon la nature et les besoins de la cause, mais sans aller jamais en déclinant.

La réfutation consiste à détruire les moyens contraires aux nôtres; on la place quelquefois avant, quelquefois après la confirmation.

On réfute les objections, soit en détruisant les principes sur lesquels l'adversaire a fondé ses preuves, soit en montrant que de bons principes il a tiré de fausses conséquences.

La péroraison est la fin du discours : elle doit premièrement résumer les moyens principaux développés dans le courant du discours, et en second lieu achever de concilier et de toucher les esprits et les cœurs; cette partie demande beaucoup de précision, d'adresse et de discernement.

L'élocution est la partie qui traite du style et de ses différentes qualités. Les principales qualités du style sont :

La correction, qui consiste à s'exprimer purement; — la précision, qui consiste à exprimer les pensées dans le moins de mots qu'il est possible; — la clarté, qui dépend de la pureté du style et qui écarte les termes équivoques, les circonstances louches, les périodes trop longues ; —· le naturel , par lequel on rend une idée, un sentiment, une image sans efforts ; — la noblesse , qui consiste à éviter les idées populaires et les termes bas; — l'harmonie, qui résulte du choix et de l'arrangement des mots, des membres de phrases, et des phrases elles-mêmes; — la convenance , qui consiste à approprier le style au sujet que l'on traite.

Les qualités du style qui conviennent aux matières de discussion sont : l'ordre, la netteté et la précision. — Dans les sujets agréables ces qualités sont : l'élégance, la richesse, la finesse, la délicatesse, la naïveté. — Dans les sujets grands et pathétiques, ce sont : l'énergie, la véhémence, la magnificence et le sublime.

Ce n'est pas assez de connaître les qualités qui appartiennent aux différents styles , il faut encore savoir les varier, les fondre ensemble, les tempérer l'une par l'autre , afin d'éviter la monotonie.

Les figures sont des manières de parler qui , par l'usage ingénieux des mots et par certains tours remarquables , ajoutent à la pensée de la force, de la noblesse ou de la grâce.

On distingue deux sortes de figures , les figures de mots et les figures de pensées.

Les figures de mots consistent dans les mots mêmes employés de manière à rendre la pensée plus frappante ; parmi les figures de mots les plus importantes sont celles qui en changent la signification , on les appelle tropes.

Les principaux tropes sont :

La *métonymie* , qui emploie la cause pour l'effet : Il a péri par le fer ; les travaux de Mars. — L'effet pour la cause : La mort est dans ses mains.

Le signe pour la chose signifiée : A la fin j'ai quitté la robe pour l'épée.

Le lieu où la chose se fait pour la chose elle-même : Un damas, un cachemire.

Le contenant pour le contenu : Boire un verre de vin.

La *sinecdoche* ou *sinecdoque*, par laquelle on prend le genre pour l'espèce et l'espèce pour le genre : Les mortels pour les hommes ; Tempé pour un vallon agréable.

L'*antonomase*, qui emploie un nom commun pour un nom propre : L'orateur romain pour Cicéron.

La *métaphore*, qui transporte un mot de la signification propre et ordinaire à une autre signification qui ne lui convient qu'en vertu d'une comparaison qui est dans l'esprit ; c'est le plus brillant de tous les tropes : Ce lion s'élance (en parlant d'Achille). Toute métaphore renferme une comparaison en abrégé.

L'*allégorie*, qui naît d'une métaphore étendue, est un discours qui, sous un sens propre, présente à l'esprit un sens étranger.

La *catachèse*, qui est une espèce de métaphore à laquelle on a recours quand on ne trouve pas de mots propres dans la langue pour exprimer ce qu'on veut dire : Un cheval ferré d'argent.

Parmi les *figures de mots* il en est qui sont plus grammaticales qu'oratoires.

L'*ellipse*, qui supprime des mots dont le sens grammatical aurait besoin : Je l'aimais inconstant, qu'aurais-je fait fidèle ?

Le *pléonasme*, qui ajoute ce que le sens grammatical rejette comme superflu : Je l'ai vu, dis-je, vu, de mes propres yeux vu.

L'*hyperbate*, qui transporte l'ordre de la syntaxe ordinaire : Et les hautes vertus que de vous il hérite.

Les *figures de pensées* sont celles qui, par le ton qu'elles donnent à la pensée, y ajoutent de la noblesse, de la grâce ou de la force. Parmi les figures de pensées on distingue l'interrogation, qui est une figure dont le nom seul porte la définition ; — la subjection, par laquelle on interroge son adversaire ou son auditeur, en se chargeant soi-même de répondre pour lui ; — l'apostrophe ; — l'exclamation, etc.

VI

L'HISTOIRE.

Sous le nom général d'histoire, madame Darmières comprenait indistinctement le récit de tous les événements tant anciens que modernes, et dans ses leçons elle consacrait une suite déterminée de jours à l'explication et à l'étude de l'histoire particulière de chaque peuple, après avoir d'abord, sous le titre d'histoire générale, exposé, dans une sorte d'introduction ou d'avant-cours, la marche de la civilisation depuis l'organisation des premières sociétés jusqu'aux époques où les traditions devenues plus certaines, peuvent prendre le nom d'histoire proprement dite.

L'étude de l'histoire doit être la première de toutes, disait madame Darmières à ses élèves réunies ; elle place pour jamais dans la mémoire. les époques, les ères ; elle fait remonter à sont origine le fil de la chronologie, et, par là développe les facultés précieuses de l'esprit et le prépare à recevoir ton tes les autres espèces d'enseignements.

Sous le nom pur et simple d'histoire on comprend indistinctement le récit de tous les événements tant anciens que mo dernes, et on l'appelle alors *histoire universelle*; si l'on ne raconte que les événements qui se rapportent à un pays, on l'appelle *histoire particulière*.

Ainsi l'histoire universelle est l'histoire du monde entier, c'est-à-dire le récit des événements qui se sont passés depuis a création du monde jusqu'à nous.

Dans l'ordre des siècles il faut avoir certains temps marqués par quelque grand événement auquel on rapporte tout le reste; c'est ce qui s'appelle époque : comme Adam, ou la création; Noé, ou le déluge; la vocation d'Abraham, etc. en trois époques, se rattachent les unes à l'histoire sacrée, les autres à 'histoire profane, comme Romulus, ou Rome bâtie; Cyrus, ou le peuple de Dieu délivré de la captivité de Babylone; Scipion, ou Carthage vaincue; la naissance de Jésus-Christ; Constantin, ou la paix de l'église, etc. Pour que notre leçon soit plus utile, mes chères élèves, ajoutait-elle, je vais interroger quelques-unes de vous sur ces différentes époques : veuillez bien, ma chère Julie, nous dire le commencement de l'histoire, depuis l'origine du monde.

JULIE. — Je réclamerai votre indulgence, madame, et celle de toutes mes compagnes, et m'efforcerai toutefois de vous satisfaire.

Dieu voulant peupler le monde, *créa Adam*. Il forma son corps du limon de la terre et lui donna une âme immortelle pour le distinguer des autres animaux. Il lui donna pour femme Eve, qu'il forma d'une de ses côtes, qu'il lui tira pendant qu'il dormait. Dieu les mit dans le paradis terrestre, et leur permit de manger de tous les fruits qui y étaient, excepté de celui de l'arbre de la science du bien et du mal auquel il leur défendit de toucher sous peine de mort; mais le démon, jaloux de la félicité d'adám, changé en serpent, persuada à Eve que si elle en mangeait, elle serait aussi savante que

Dieu. Eve séduite en présenta à Adam qui ne se défiait de rien ;
et aussitôt après en avoir mangé, il connut sa faute ; mais il
ne pouvait plus la réparer. Dieu, pour le punir de sa désobéissance, le chassa du paradis terrestre, et l'assujettit aux
peines du péché, aux fatigues du corps et à la mort ; mais il
lui promit d'envoyer son fils pour être le rédempteur du genre
humain.

MADAME DARMIÈRES. — La punition est terrible ; mais la
désobéissance d'Adam n'était-elle pas le comble de l'ingratitude et de la présomption ? Poursuivez, ma chère Julie.

JULIE. — Adam eut plusieurs enfants ; mais l'Ecriture
sainte n'en nomme que trois : Caïn, Abel et Seth. Caïn, jaloux
que les sacrifices de son frère Abel fussent agréables au Seigneur, le tua ; mais en punition de son crime, Dieu le rendit
errant sur la terre et lui donna des enfants méchants comme
lui. Caïn, désespérant de ne jamais obtenir son pardon de
Dieu, se retira de devant le Seigneur, et mourut dans son im-
pénitence.

Seth, troisième fils d'adam, lui succéda en qualité de patriarche : il imita la piété de son frère Abel. Les enfants de Seth
demeurèrent longtemps fidèles au Seigneur, et furent, pour
cette raison, appelés les eufants de Dieu ; mais les descendants
de Caïn, qui étaient méchants, se nommèrent les enfants des
hommes. A la fin ils se corrompirent tous par les alliances qu'ils
firent ensemble, et leurs crimes furent si affreux que Dieu se
repentit d'avoir fait l'homme, et il résolut d'en exterminer la
race. Il ne sauva que Noé, qui seul s'était conservé juste. Dieu
envoya un déluge universelle qui submergea tout, et Noé seul,
comme je viens de dire, fut sauvé dans une arche où, par ordre
de Dieu, il avait enfermé une couple de toutes les espèces
d'animaux pour repeupler la terre. Cette arche était, comme
chacun pense bien, très-grande. Elle s'arrêta sur le mont
Arasalie, en Arménie. Ici se termine la deuxième époque et
commence la troisième ; je veux dire la vocation d'Abraham.

Aussitôt après le déluge, Noé, sortant de l'arche, offrit un sacrifice à Dieu en reconnaissance de ce qu'il l'avait préservé de la destruction du genre humain. Il eut trois enfants, Sem, Cham et Japhet. Après sa mort, ils partagèrent la terre entre eux : Japhet eut l'Europe; Cham, l'Afrique ; et Sem, l'Asie. Leurs descendants se multiplièrent tellement, qu'ils furent obligés de se séparer ; mais avant, ils formèrent la résolution d'élever la tour de Babel, dans la vue d'immortaliser leurs noms, et de s'y sauver s'il arrivait un second déluge. Mais Dieu, qui se rit des desseins des hommes, anéantit leur entreprise par la confusion des langues ; de sorte que ne pouvant plus s'entendre ils furent obligés de se séparer. Dieu voulut ainsi punir leur orgueil, et leur apprendre que le vrai chemin pour monter au ciel et s'acquérir une gloire immortelle, n'est pas de former de grandes entreprises, mais d'offrir à Dieu un cœur humble et vertueux.

MADAME DARMIÈRES. — Il n'est pas inutile de faire remarquer ici qu'un décroissement notable de la vie eut lieu dans la seconde époque. Avant le déluge, les hommes vivaient jusqu'à 900 ans. Mathusalem en a vécu 969. Après le déluge, la vie fut diminué de plus des deux tiers. L'Écriture semble annoncer que c'est au changement de nourriture qu'il faut l'attribuer. Les fruits de la terre faisaient auparavant toute leur nourriture.

JULIE. — Après leur séparation, les hommes oublièrent bientôt la loi naturelle pour ne suivre que leurs passions ; alors on vit naître l'ambition et tous les vices qui l'accompagnent ; on oublia jusqu'à Dieu pour adorer de simples créatures. Dieu résolut alors de se former un peuple qui devait donner naissance au Sauveur promis ; et il choisit Abraham pour être le chef et la tige de ce peuple.

Abraham naquit vers l'an 200, dans la ville d'Ur en Chaldée. Dieu l'appela dans la terre de Chanaan qui était la terre promise. Abraham y arriva avec sa femme Sara et son neveu Lot, qui partit pour Sodome, d'où il fut averti par deux anges de sortir, afin qu'il ne fût pas enveloppé dans ses ruines. Cette ville, en punition des crimes qui s'y étaient commis, fut consumée par une pluie de feu et de soufre. Lot n'eut que le temps de sortir de la ville ; et sa femme, pour avoir regardé derrière elle, contre l'ordre de Dieu, fut changée en une statue de sel.

MADAME DARMIÈRES — Ne nous parlez-vous pas du sacrifice généreux de ce vénérable patriarche?

JULIE. — La fidélité d'Abraham fut mise à une grande épreuve. Dieu lui ordonna d'aller sacrifier son fils Isaac sur la montagne de Moria, où depuis on bâtit le temple de Jérusalem. Aucune considération ne l'arrêta, pas même la voix de la nature. Isaac, quoique âgé de 37 ans, reçut avec soumission la nouvelle de sa mort ; et il allait recevoir le coup fatal, lorsqu'un ange retint le bras de son père ; un bélier fut sacrifié à sa place. Abraham et Isaac sont deux modèles d'une obéissance parfaite ; aussi furent-ils amplement récompensés de Dieu.

Isaac épousa une femme appelée Rébecca, de laquelle il eut deux fils, Jacob et Esaü. Il aimait tendrement Jacob ; c'est pourquoi il lui donna sa bénédiction, ce qui était alors un témoignage d'une grande prédilection. Jacob fut encore appelé par l'ange, contre qui il lutta, Israël ; Jacob et Esaü étaient bergers ; le soin des troupeaux était alors un grand honneur, parce qu'il était très-agréable à Dieu.

Jacob eut douze enfants, qui furent chacun chef d'une tribu. Joseph, qui était le onzième, commanda en Egypte ; et l'envie que lui portaient ses frères fut cause de son élévation. Cette haine avait pour cause l'amitié particulière de Jacob pour lui ; c'est pourquoi ses frères résolurent de le perdre : ils le vendirent à Putiphar, capitaine des gardes de Pharaon, roi d'Egypte, qui le fit intendant de sa maison après avoir reconnu sa sagesse ; mais il faillit être victime de la colère de la femme de Putiphar, parce qu'il ne voulut point consentir au crime qu'elle lui conseillait. Il fut mis en prison ; mais son in-

nocence ayant été reconnue, il en fut retiré par ordre du roi,
qui, pour l'en dédommager, le nomma vice-roi d'Egypte.

Joseph rendit, dans la suite, des services importants à ses
frères et à son père qu'il fit venir en Egypte. Après la mort de
Joseph, les Israélites furent traités comme des esclaves par
ordre de Pharaon; mais Dieu les délivra de cette servitude par
le ministère de Moïse, qui fut sauvé du massacre ordonné par
le roi, par la fille même de Pharaon, qui l'adopta et l'éleva
dans la cour de Pharaon, où il demeura jusqu'à l'âge de quarante ans, qu'il préféra quitter pour souffrir avec le peuple
Juif, qu'il délivra ensuite des mains de Pharaon d'une manière
miraculeuse, je veux dire en étendant sa baguette sur la mer
Rouge qui s'opposait à leur passage pour retourner dans leur
pays, divisant ainsi les eaux qui leur laissèrent un libre passage, lesquelles eaux se réjoignirent aussitôt que les Israélites
furent passés, et engloutirent les Egyptiens qui étaient à leur
poursuite, et Pharaon lui-même périt avec toute son armée.

MADAME DARMIÈRES. — Ici se termine la troisième période,
et je fais compliment à Julie de l'exactitude et de la précision
avec laquelle elle en a apporté les faits principaux. Élise sera
assez bonne pour continuer, je pense, à nous dire ce qui concerne les temps de la loi écrite.

ÉLISE. — Elle fut donnée par Moïse 430 ans après la vocation d'Abraham, et 856 après le déluge. Cette date est remarquable, parce qu'elle sert à désigner tout le temps qui s'est
écoulé depuis Moïse jusqu'à Jésus-Christ.

Dieu écrivit de sa propre main, sur deux tables qu'il donna
à Moïse au haut du mont Sinaï, le fondement de cette loi,
c'est-à-dire le décalogue ou les dix commandements qui con-
tiennent les premiers principes du culte de Dieu et de la société humaine.

C'est dans ces mêmes temps que les Égyptiens continuaient
l'établissement de leurs colonies en divers endroits, principalement dans la Grèce.

L'histoire que Moïse avait écrite, et où toute la loi était renfermée, fut partagée en cinq livres qui sont le fondement de la religion. Après la mort de Moïse, la guerre éclata de toutes parts ; la terre sainte fut conquise et partagée, et les rebellions des peuples, châtiées, etc. Ce fut environ un siècle après que la célèbre ville de Troie fut prise, pour la troisième fois, par les Grecs sous Priam, après un siége de dix ans, et réduite en cendre. La ruine de Troie forme la cinquième époque, bien remarquable sans doute, tant par l'importance d'un si grand événement, que parce que l'on peut rapporter à cette date ce qu'il y a de plus remarquable dans les temps appelés fabuleux ou héroïques. Ce fut environ 80 ans après la prise de Troie que parut David, cet admirable berger, vainqueur du fier Goliath et de tous les ennemis du peuple de Dieu. A ce pieux guerrier succéda son fils Salomon, qui bâtit le fameux temple de Jérusalem.

Madame Darmière. — Louise va nous dire les faits de la sixième époque, qu'elle a, je crois, plus particulièrement étudiés.

Louise. — Volontiers, madame ; la sixième époque commence à la construction de ce temple que Salomon acheva de bâtir, l'an 250 avant la fondation de Rome. C'est aussi à la construction de cette ville que commence la septième époque : elle fut fondée sur la fin de la troisième année de la vi⁰ olympiade, 430 ans environ après la prise de Troie, de laquelle les Romains croyaient que leurs ancêtres étaient sortis. Romulus, fondateur de Rome, consacra cette ville au dieu de la guerre qu'il disait être son père. Ce fut vers le temps de la naissance de cette ville qu'arriva la chute du premier empire, celui des Assyriens.

La mort de Romulus arriva 715 ans avant la naissance du Messie. Ce prince fut toujours en guerre et toujours victorieux ; mais au milieu des guerres, il jeta les fondements de la religion et des lois. Après lui régna Numa, qui adoucit les mœurs farouches du peuple romain. Rome s'accroissait, mais faiblement; sous Tullus Hostilius, son troisième roi, et par le fameux combat des Horaces et des Curiaces, Albe fut vaincue et ruinée. Ses concitoyens, incorporés à la ville victorieuse, l'agrandirent et la fortifièrent, et sous Tullus Hostilius, elle devint la maîtresse de l'univers. Je termine ici les faits qui ont rapport à l'histoire romaine pour arriver à la huitième époque. Elle commença 218 ans après la fondation de Rome, 536 ans avant Jésus-Christ. Cette époque est remarquable par plusieurs grands événements, et surtout par le rétablissement des Juifs et la fondation de l'empire des Perses par Cyrus. Cet empire devint très-puissant par les grandes conquêtes de ce prince, de celle de Cambyse, son fils, et de ses successeurs. Ce fut dans le même temps que Tarquin-le-Superbe, qui avait rendu la royauté odieuse aux Romains par ses violences, fut chassé de Rome. Les Grecs se faisaient remarquer alors par les plus grandes actions d'éclat : tout cédait à leurs armes ; mais à la fin ils furent vaincus par Démosthènes, qui acquit une puissance absolue par la bataille de Chéronée, qu'il gagna par son éloquence sur les Athéniens et leurs alliés. Ce fut dans cette bataille qu'Alexandre, à peine âgé de dix-huit ans, enfonça les troupes thébaines. Ainsi, Philippe, maître de la Grèce, et soutenu par un fils d'une si grande espérance, conçut de plus hauts desseins, et ne médita rien moins que la ruine des Perses ; mais ce fut l'ouvrage d'Alexandre. Ce prince puissant et victorieux marche à la tête des Grecs contre Darius, qu'il défait en trois batailles rangées, entre triomphant dans Babylone et Suze, détruit Persépolis, ancien siège des rois de Perse, pousse ses conquêtes jusqu'aux Indes, et vient mourir à Babylone, âgé de trente-trois ans.

MADAME DARMIÈRES. — Ici commence la neuvième période ou époque, l'an 552 de la fondation de Rome, et 202 ans avant la naissance de Jésus-Christ. Eugénie va nous en rappeler les événements les plus remarquables.

EUGÉNIE. — Ici nous voyons Carthage vaincue. Soumis à la puissance romaine, Annibal ne laissait pas néanmoins de susciter aux Romains des ennemis partout où il pouvait, mais ce fut inutilement. Annibal s'empoisonna pour échapper aux Romains. Ce peuple étendait partout sa domination. C'est à cette époque que la fameuse ville de Carthage fut prise et réduite en cendre par Scipion : Corinthe eut le même sort. Le consul Mummius fit transporter à Rome les incomparables statues qui se trouvaient dans cette ville. Tout l'Orient était alors en feu : les Romains n'étaient guère plus tranquilles; et ce peuple guerrier, qui déjà comptait tant de provinces conquises du côté de l'Orient, porta son attention du côté de l'Occident. Il s'étendit au-delà des Alpes ; il subjugua successivement toutes les provinces qui se présentèrent sur son passage : les Gaulois se défendirent mal. Fabius dompta les Allobroges et tous les peuples voisins, et la Gaule fut rangée au nombre des provinces romaines : ainsi l'empire romain s'agrandissait et se composait presque de toutes les terres et de toutes les mers du monde connu. Mais autant la république paraissait belle au-dehors par ses conquêtes, autant elle était défigurée au-dedans par l'ambition désordonnée de ses concitoyens et par ses guerres intestines. Je n'en finirais point, s'il fallait entrer ici dans le détail de tant d'actions brillantes qui se rattachent à l'histoire du peuple romain, et citer les noms de tant de guerriers qui ont illustré son nom. Je ne puis néanmoins me dispenser de rappeler ceux de Pompée et de César qui occupent une place si distinguée dans les annales de ce temps. Ces deux rivaux, après la défaite de Crassus, leur antagoniste si redoutable, décidèrent leur querelle à Pharsale par une bataille sanglante. César, victorieux, parut en un moment partout l'univers : vainqueur de tous côtés, il fût reconnu comme maître à Rome et dans tout l'empire; mais bientôt il périt victime de son ambition. C'est dans le même temps, ou peu de temps après, qu'arrivèrent ces temps tant désirés par nos pères, de la venue du Messie. Ce nom veut dire le Christ ou l'oint du Seigneur ; et Jésus-Christ le mérite comme pontife, comme roi, et comme prophète.

MADAME DARMIÈRES. — On peut dire que cette époque est la plus intéressante de toutes, non-seulement par l'importance d'un si grand événement, mais parce que c'est à dater de ce temps que les chrétiens commencent à compter leurs années. Je vous fais compliment, mes jeunes amies, du résultat de vos travaux sur l'histoire, et pour terminer agréablement cette journée, et vous témoigner à la fois ma satisfaction, je vais vous dire une nouvelle dont la moralité, j'espère, n'échappera pas à vos jeunes esprits.

Mes deux sœurs et moi, mes chères amies, étions demeurées orphelines en fort bas âge, et c'est à la tendresse et aux soins d'une tante, dont je n'oublierai jamais la sollicitude et la bonté, que nous avons dû notre éducation d'abord, et plus tard notre bonheur. Notre bonne tante avait coutume, lorsqu'elle était satisfaite de notre conduite et de notre travail, de nous raconter quelque histoire morale et touchante, usage que j'ai conservé avec vous ; un des récits que nous écoutions avec le plus de plaisir, était celui des malheurs d'une de ses compagnes de couvent; le voici dans toute sa simplicité.

LOUISE DAVENAY.

Vous saurez, mes enfants, nous disait notre bonne tante en commençant son récit, que je n'ai pas eu comme vous le bonheur de rester auprès de mes parents, d'avoir une gouvernante et des maîtres de talents. Dans ma jeunesse, l'éducation des filles se bornait aux soins que leur donnaient quelques bonnes religieuses auxquelles elles étaient ordinairement confiées depuis l'âge de huit à dix ans jusqu'à l'époque de leur mariage. Ma mère avait une forte prévention contre l'air renfermé des couvents de Paris ; et mon père en avait une aussi forte contre le prix qu'on y exigeait ; ainsi, pour deux motifs diffé rents, ils s'unirent dans le choix d'un couvent de province, et je fus envoyée à l'âge de dix ans aux Ursulines de Pontoise. C'était une fort bonne maison; la supérieure, douce et gaie, surveillait beaucoup ses élèves, ne blâmait par nos amuse-

ments, et même quelquefois sous les grands arbres de la cour
se plaisait à nous montrer de petits jeux et à nous faire chan
t r des rondes. La nourriture y était abondante et très-bonne;
l'éducation de cette maison était renommée dans tout le canton
de Gisors, car non-seulement on apprenait parfaitement sa
religion, mais la jeune novice qui montrait à écrire dictait à
ses élèves jusqu'à deux feuilles de suite, et corrigeait leurs
fautes d'orthographe, à la vérité, sans leur expliquer en quoi
elles avaient manqué aux règle de la grammaire. On apprenait aussi quelques articles de l'histoire de France par de-
mandes et par réponses, et l'on était fort habile à faire des
pelotons, des signets de livres, et de petites images brodées en
soie plate.

Le jour où j'entrai au couvent on me donna, dans le dortoir
des petites, un lit près de celui de Louise Davenay, qui n'avait
que six mois de plus que moi; la sœur Marthe fut chargée de
me lacer ainsi qu'elle, et cette association en fit dès les premiers jours mon amie particulière. J'étais brune, vive et gaie.
Louise était blonde, douce et mélancolique ; ces différences de
caractère rendent souvent les liaisons plus durables. Louise
ne gênait pas ma turbulence enfantine par la sienne ; et ma
gaieté et mes folies lui plaisaient au point qu'elle ne pouvait
plus être un instant sans moi, et qu'elle obtint de ses parents,
qui habitaient un château à six lieues de Pontoise, d'écrire aux
miens pour qu'ils permissent que Louise m'emmenât avec elle
toutes les fois qu'elle irait à leur terre. Ma mère fut charmée
de me savoir une amie qui me procurait quelques vacances
agréables et m'introduisait dans une famille distinguée.

Nos vacances avaient lieu quatre fois par an : à Noël jusqu'après les Rois ; au 1er mai pour la fête du printemps, où les
vassaux de M. Davenay, accompagnés des miliciens et du mé-
nétrier du village, venaient planter le mai à la grille du château; au 25 août, fête de saint Louis, patron du comte, qu'il
faisait célébrer avec pompe, et se faisait ensuite donner dans
son intérieur une fête en l'honneur de ce patron. La dernière
vacance était à l'époque des vendanges. Jamais le monde, mes

enfants, ne peut offrir des plaisirs à la fois plus doux et plus
piquants que ceux dont nous jouissions alors, la bonne Louise
et moi. Cette fête des fleurs au commencement du printemps,
cette solennité religieuse de la Saint-Louis, les pétards et les
soleils au feu d'artifice que les serviteurs de la maison tiraient
le soir sur la place du château; en automne, la vue des pres-
soirs, les chants des vignerons heureux d'une abondante récolte, les petits paniers, les petites hottes, les serpettes que
nous donnait le régisseur pour nous faire couper quelques livres de raisin dans les vignes intérieures ; enfin les cadeaux
du jour de l'an, que l'on faisait venir de Paris pour nos étrennes, ce grand repas du *jour des Rois*, donné à tous les seigneurs voisins, et où, par une adresse mystérieuse du maître
d'hôtel, le comte, la comtesse, ou Louise, avaient toujours la
fève du gâteau : tout cela composait une chaîne de plaisirs variés dont le souvenir et l'attente ne formaient pas les anneaux
les moins précieux.

M. Davenay avait servi avec distinction sous les ordres du
maréchal de Villars ; une blessure grave qu'il avait reçue à la
cuisse et dont il se plaignait à tous les changements de temps
l'avaient contraint à demander sa retraite : il avait gardé près
de lui l'aumônier de son régiment. Cet homme, brusque et
dur envers tout ce qui composait la maison du comte, peu complaisant pour madame Davenay, était d'une docilité et d'une
prévenance basse et servile auprès de son ancien colonel, lui
demandait ses ordres plusieurs fois par jour dans la crainte
de manquer l'instant où M. le comte voudrait faire sa partie
d'échecs ou de trictrac; il lisait quelquefois jusqu'à deux heures du matin auprès de son lit, le suivait à la promenade, et
trop souvent lui faisait des rapports sur ses gens ou sur les
moindres événements de l'intérieur, ce qui amenait toujours
quelques reproches durs adressés devant tout le monde à la
bonne et patiente comtesse. Ces petites scènes étaient habituellement précédées par ces mots : Je n'ai pas besoin de dire
comment cela est venu à ma connaissance, mais je sais que...
Alors suivait le détail de la négligence ou de la faute com-

mi-e. Tout le monde, jusqu'à Louise et moi, savions, aussi
bien que le comte lui-même, par qui lui parvenaient les moindres choses qui pouvaient le contrarier ou lui déplaire. La
comtesse, pieuse, douce, sensée, d'un jugement parfait, et digne enfin d'avoir profité dans la Maison de Saint-Cyr, où elle
avait été élevée, des précieuses leçons de madame de Maintenon. ne témoignait jamais le plus léger mécontentement, sou-
riait sans dédain aux sottises déplacées que lui faisait M. Davenay, trouvait toujours excuse valable, et pour le bonheur de
tout ce qui l'environnait, passait ainsi sa vie à détruire les
effets des fâcheuses impressions que l'on donnait à son mari.
Le comte avait adopté toutes les préventions des jaloux de la
célèbre veuve de Scarron contre la Maison de Saint-Cyr ; sur
ce point seulement sa femme rompait quelques lances avec
lui ; la reconnaissance lui en faisait un devoir que son admirable conduite aurait dû lui épargner, mais elle ne pouvait
empêcher son mari de répéter sans cesse avec une assurance
qui montrait sa confiance dans la supériorité de son jugement,
qu'il avait préféré pour Louise la modeste éducation des Ursulines de Pontoise à celle d'un établissement dont madame de
Maintenon, Bossuet et Fénelon avaient rédigé l'admirable règlement ; et quand il se sentait poussé par les arguments de
sa femme, par ses intéressants récits sur la noble tenue intérieure de cette maison royale, il coupait court à la discussion
en disant que d'ailleurs cette maison n'avait été fondée que
pour des petites filles sans jupon, comme l'avait été leur illustre fondatrice, et que mademoiselle Louise Davenay n'était pas
dans une position à solliciter une pareille grâce du roi. Le voisin de la terre le plus rapproché de M. Davenay était M. le chevalier Dervilliers. Longtemps employé dans la diplomatie, il
avait eu pendant quelque temps le titre de ministre plénipo-
tentiaire : retiré dans une superbe terre, il s'occupait à écrire
des mémoires politiques sur les intérêts des puissances, et les
jours où il venait dîner au château, nous n'entendions parler
que de la Hollande, de l'Allemagne, de ses négociations, des
immenses services qu'il avait rendus à l'Etat, de l'injustice de

'a cour qui négligeait de l'employer, de la gloire qu'il retiré-
rait un jour en publiant ses écrits. Tout cela nous amusait fort
peu; M. le comte n'y trouvait, je crois, pas plus de plaisir que
nous, mais il était émerveillé de tout de savoir, et ne parlait
jamais de son estimable voisin qu'avec une admiration qui
allait jusqu'au respect. L'aumônier applaudissait à cet enthou-
siasme, et ils terminaient habituellement leurs entretiens sur
ce sujet par dire qu'un jour ou un autre on ouvrirait les yeux
sur un mérite aussi éminent, et que le chevalier en recevrait
la juste récompense.

Le comte trouvait que les 60,000 livres de rentes dont son
voisin jouissait en bonnes fermes dans le Vexin, et en beaux
pâturages dans la Normandie, ajoutait encore à son mérite,
parce qu'il fallait des gens riches pour représenter dignement
un aussi grand souverain que l'était le roi de France; aussi,
dans l'opinion du comte ou de l'aumônier, on était convaincu
que plus tôt ou plus tard le chevalier était destiné à quelque
grande ambassade. Auprès de Louise et de moi, ces avantages comptaient pour peu de chose en faveur du chevalier :
quarante ans révolus, les épaules très-hautes, les jambes fort
longues, la voix très-grêle, effaçaient tous ces titres pour ne
lui laisser entre nous deux que la triviale dénomination *du
vilain bossu.* Peu complaisant et très-censeur, nous éprou-
vions presque à chaque instant l'ennui de ses leçons. Un soir,
en rentrant de la promenade, nous avions posé sur une table
de marbre du salon un petit carton qui contenait beaucoup de
feuilles de roses, et plus de cent petites bêtes à Dieu que nous
avions prises dans le bosquet. Le chevalier ouvre cette boîte,
marche vers la fenêtre pour jeter dans le jardin ce qu'elle contenait; la bonne Louise s'élance vers lui, le supplie de lui laisser ces jolies petites bêtes dont elle aimait les vives couleurs
parsemées de taches noires. Il élève la boîte au-dessus de la
portée de ses bras, et envoie les feuilles de roses et les petites
bêtes sur le gazon du parterre, en ajoutant à ce désobligeant
procédé des remontrances sur les pitoyables amusements d'une
fille bonne à marier dans quatre ou cinq ans. La forte préven-

tion de Louise pour le chevalier data de cette première contra-
riété; mais de perpétuelles et désobligeantes leçons sur des
sujets plus gracieux vinrent successivement donner à ce sentiment le caractère d'une invincible antipathie. Madame Davenay, rangée par le comte au nombre des filles sans jupon que
la munificence de Louis-le-Grand faisait élever à Saint-Cyr,
était d'une origine bien supérieure à celle du comte et à celle
du futur ambassadeur. Tenant à une des premières familles du
Languedoc, son peu de fortune avait fait consentir ses parents
à son mariage avec le comte. Elle avait eu un frère; sa valeur,
louée par Louis XIV lui-même, avait malheureusement été
suivie d'une mort prématurée au service de son roi et de son
pays. Marié peu de temps avant sa mort, sa jeune veuve languit
quelques années après l'avoir perdu, et mourut à son tour, laissant un fils unique, portrait vivant de son brave père. Cet enfant, cher à la comtesse, fruit d'une union formée par l'amour,
était né sans fortune; sa tante avait soigné les premières années
de son enfance avant l'époque de la naissance de Louise qui
avait cinq ans de moins que lui. Le beau nom que portait ce
jeune homme n'était soutenu par aucun bien, et n'avait que le
faible appui de la comtesse, qui parvint seulement à lui obtenir
une place de page chez le duc du Maine; mais sa figure noble
et douce, ses excellentes manières, son goût pour les talents,
l'avaient promptement fait distinguer dans une cour où les
plaisirs étaient toujours unis aux charmes de l'esprit.

L'abbé Genet, attaché à la maison de la duchesse, dans les
pièces qu'il composait pour le théâtre de Sceaux, aimait à
placer quelques rôles propres au talent du jeune page pour la
déclamation; il figurait aussi très-avantageusement dans les
concerts de la princesse, et les gens de lettres les plus distingués, qui vivaient dans cette cour, aimaient à s'entretenir
avec un jeune homme qui recherchait avec ardeur toutes les
occasions de s'instruire: aussi distingué dans les exercices
du corps que dans les talents, il n'y avait pas de jeune homme
plus habile dans tout ce qui concernait l'équitation, et souvent la princesse et ses dames s'amusaient à le voir voltiger

d'un cheval sur un autre ; il était aussi étonnant dans l'es-
crime, et les plus forts tireurs d'armes de Paris venaient l'in
viter à faire assaut avec eux. La comtesse jouissait des succès
de son neveu : avant de le placer parmi les pages du prince,
elle avait fait à Paris les plus grands frais pour son éducation ; les premiers maîtres dans tous les genres de talents,
tout enfin lui avait été procuré par cette bonne tante dont la
tendresse et les soins s'augmentaient à la fois de l'attachement qu'elle portait à la mémoire de son brave frère, et de
l'espoir de relever un jour l'illustre famille dont elle descen-
dait.

Vous serez peut-être bien aise de savoir, mes enfants, comment, avec un mari aussi sévère que l'était M. Davenay, la
comtesse avait pu, sans trouver d'obstacle à sa générosité,
faire pour son neveu tous les sacrifices qu'exigeait son éducation ? Quand l'ordre, le goût et la précieuse habitude d'une
sage économie se trouvent réunis, on peut, avec de la persévérance, accroître sa fortune comme on la dénature et comme
on la détruit promptement avec les défauts opposés. En se
mariant, M. Davenay, pour fixer irrévocablement le revenu
particulier de sa femme, lui avait assuré d'une manière lé-
gale le produit d'une ferme depuis longtemps négligée, et dont
il tirait à peine la somme médiocre qu'il voulait accorder à
son entretien et à ses charités. La comtesse, depuis l'époque
de son mariage, s'était occupée de cette ferme ; elle y avait
placé un régisseur honnête et intelligent : des dessèchements
de marais dans une partie, des engrais productifs dans une
autre, le défrichement d'une pièce de terre considérable qui,
par négligence, se trouvait depuis bien des années confondue
avec les terres qui servaient aux bestiaux communs, des ac-
quisitions multipliées de vaches et de troupeaux de moutons,
tout enfin, par les soins de cet habile régisseur, avait fait
de cette ferme la plus intéress de partie de la propriété du
comté ; et, quoiqu'il répétât souvent que les soins de la terre
ne regardaient que le paysan, et le produit des fermes le seigneur, il louait sa femme sur le parti qu'elle avait tiré de la

concession qu'il lui avait faite, surtout quand ses fermiers n'étaient pas exacts à leurs termes de paiements.

Le revenu de madame Davenay, successivement accru par ses soins, était entièrement employé pour le cher Jules de B... et pour les charités qu'elle faisait dans son village. Ce dernier article l'occupait autant que les soins qu'elle donnait à son bien. On peut multiplier les secours que l'on doit aux indigents, lorsqu'on sait se garantir du honteux entraînement de la paresse, qui ne fait trouver le moyen d'aider la misère qu'en donnant de l'or ou de l'argent dont souvent encore l'emploi se trouve détourné. Vous pensez bien que la culture du chanvre et du lin n'avait pas été oubliée par cette bonne et pieuse ménagère ; elle faisait filer l'hiver les filles de son fermier et les servantes de la ferme ; plusieurs fois elle nous mena à ces intéressantes veillées. Les toisons de moutons lui fou...issaient aussi de grosses étoffes de laine, et tous ses pauvres étaient pourvus de linge et de vêtements. Pourquoi tant de vertus n'avaient-elles point été destinées à faire le bonheur d'un homme capable de les apprécier! Mais des devoirs doux à remplir, la bonne conduite d'un neveu qu'elle chérissait comme son propre fils, les qualités touchantes et la beauté de Louise, qui se développait chaque jour, suffisaient au bonheur de la comtesse. Le jeune vicomte Jules de B... venait quelquefois passer plusieurs jours chez sa tante, et malheureusement pour nous les époques de devoirs ou de plaisirs, qui nous faisaient sortir du couvent, étaient plus particulièrement aussi celles qui lui faisaient obtenir des congés de son gouverneur. M. Davenay accordait rarement un faible éloge à la bonne conduite de son neveu, et ne négligeait jamais de le faire suivre d'avis durs et humiliants qu'il croyait, disait-il, ne pouvoir trop répéter à un pauvre petit diable qui n'avait que la cape et l'épée. Le jeune vicomte se trouvait malheureusement au château toutes les fois que nous y étions, et nous souffrions des choses désobligeantes que lui disaient M. Dervilliers et l'aumônier, autant que nous jouissions de l'agrément de sa société. Ces deux hommes se faisaient un méchant plaisir de le blâmer sur les choses les plus innocentes. Un beau soir d'été que le chevalier et l'aumônier faisaient la partie d'hombre du comte et de la comtesse, et que nous jouions au domino, Louise et moi, à un côté opposé du salon, Jules s'était établi avec sa guitare sur un banc placé au-dessous des fenêtres, et avait joué toutes les variations des folies d'Espagne avec un goût parfait. Nous avions cessé notre jeu, et nous écoutions le son de cet instrument très-agréable pendant la nuit : placées près de la fenêtre, nous admirions en même temps la lune qui éclairait toute l'étendue du parc, et contrastait avec les lumières du salon d'une manière tout à fait pittoresque. Ces effets, dont on ne se rend compte qu'en avançant en âge, n'en ont pas moins leur douce influence sur de jeunes cœurs. Le chevalier et l'aumônier blâmaient sans doute le plaisir innocent que nous goûtions dans cet instant; car déjà nous les avions entendus plusieurs fois demander à la comtesse si elle n'était pas incommodée du froid qui venait par cette fenêtre.

La bonne mère de Louise qui, sans se permettre le moindre éloge, jouissait ainsi que nous du talent de son neveu, avait répondu qu'elle commençait à peine à respirer, tant la chaleur avait été accablante pendant la durée du jour, et qu'elle serait très-fâchée qu'on fermât la fenêtre. Les folies d'Espagne terminées, Jules fit quelques accords et se mit à chanter une romance. Le chevalier Dervilliers se leva à la fin du premier couplet, et dit d'un ton très-impérieux que, si les paroles se mêlaient à cette sérénade, il conseillait à M. le comte de mettre un terme à ces gentillesses de la cour de Sceaux.

Le comte ayant répondu qu'il était parfaitement de cet avis, le chevalier se précipita vers la fenêtre, poussa notre table en passant près de nous, renversa nos dominos, ferma avec humeur non-seulement la fenêtre et les volets, mais jusqu'aux rideaux. Nous étions consternées, Louise et moi, et les faibles accords de la guitare, et quelques sons de la voix que nous distinguions encore, nous remplirent involontairement les yeux de larmes. Madame Davenay blâma ce procédé en termes

mesurés, mais sévères, et dit au chevalier qu'elle croyait mé-
riter qu'on s'en reposât sur elle pour empêcher les choses qui
pouvaient manquer de convenances. Pour se consoler des dé-
sagréments intérieurs qu'elle avait à supporter, et dont nous
ne pouvions avoir que de légères preuves pendant nos courts
séjours au château, la comtesse aimait à passer presque toutes ses matinées à sa ferme, et sa belle et douce physionomie
brillait d'un nouvel éclat toutes les fois qu'elle disait : Je vais
mener mes enfants dans mon domaine. Elle nous y conduisait en calèche, Jules nous accompagnait à cheval; elle s'était
réservé dans la ferme une salle basse dont les grandes fenêtres, à petits carreaux antiques, ouvraient sur une plaine que
baignait la rivière de l'Oise, et dont l'aspect était embelli par
un grand nombre de saules et de peupliers. Une table ronde
de bois de noyer bien cirée, douze chaises de paille, une commode de bois surmontée d'un dressoir où étaient rangés tous
les objets nécessaires au déjeûner de la comtesse, formaient
le mobilier de cette pièce dont l'extrême propreté était le seul
ornement. Louise demanda un jour à sa mère de faire voir à
son cousin et à moi, ce que renfermaient les tiroirs de la commode; elle y consentit, et nous dit que tout ce qui s'y trouvait appartenait aux pauvres de son hameau. Dans le premier
tiroir, nous vîmes des layettes toutes faites, des langes, des
bandes pour les enfants: le second était rempli de bonnes ju-
pes, de chemises, de fichus, de cornettes pour les vieilles
femmes: le troisième contenait une espèce de pharmacie et
beaucoup de bouteilles de vieux vins d'Alicante et de Rota,
réservés aux estomacs débiles des vieillards usés par les travaux des champs. J'aime à me rappeler, mes enfants, les
vrais, les seuls plaisirs dont ait joui l'âme sensible et noble
de la mère de mon amie, loin de deux hommes qui avaient
pris le plus grand empire sur l'esprit de son mari; assurée
de n'entendre que les doux sons de voix de Louise et de son
cher Jules, leur prodiguant ses caresses, recevant avec atten
drissement l'assurance de leur tendresse et de leur reconnais
sance. C'était toujours avec un accent douloureux qu'après

avoir fait un déjeûner champêtre et donné quelques ordres à son fermier, elle demandait ses chevaux pour retourner au château.

Un événement aussi naturel que celui de la romance du jeune vicomte amena, peu de jours après, une scène dont les résultats furent bien plus graves. Madame Davenay avait auprès d'elle, depuis six ans, une personne très-estimable nommée mademoiselle Dufour, mangeant à l'office avec les autres femmes ; elle était pourtant traitée avec des égards particuliers par la comtesse, qui se l'était attachée pour travailler avec elle aux immenses entreprises de broderie et de tapisserie qui, toutes exécutées par la comtesse, avaient renouvelé l'antique mobilier du château. Le bon langage et les manières honnêtes de mademoiselle Dufour auraient pu la faire admettre comme gouvernante de Louise. Madame Davenay, un dimanche, après avoir entendu les vêpres, l'avait menée, avec nous et Jules, à la danse du village qui se passait sur une pelouse en face de la grille du château. M. Davenay dînait ce jour-là chez son ami, M. le chevalier Devilliers, et devait faire quelques visites de voisinage avant de rentrer chez lui. La comtesse, après avoir assisté à une ou deux contre-danses, crut pouvoir nous remettre à la garde de mademoiselle Dufour, et rentra dans son appartement. Louise dansait avec son cousin, lorsque le chevalier traversa à cheval la place de la danse pour se rendre au château. Je ne l'aperçus pas sans éprouver un secret pressentiment de quelque événement fâcheux, et nous ne fûmes pas dix minutes sans le voir revenir à pied, accompagné du comte, qui fit cesser la contre-danse, témoigna hautement son mécontentement de nous voir sans sa femme à cette réunion, nous ordonna de marcher devant lui, avec mademoiselle Dufour, et dit qu'il allait faire connaître son sentiment à madame la comtesse, lui rappeler les devoirs d'une mère qui doit surveiller une fille de seize ans, et mettre enfin un terme à des habitudes et des liaisons qui n'étaient nullement de son goût : il défendit au jeune vicomte de nous suivre, et lui dit qu'il pouvait danser.jusqu'à minuit avec des paysannes, si tel était son plaisir. Le soir, la comtesse ne parut point dans le salon, et ne vint pas au souper. M. Davenay nous annonça que la calèche serait attelée à huit heures du matin, et que mademoiselle Dufour nous reconduirait à Pontoise.

Ma pauvre amie pleura presque toute la nuit, se leva à six heures, et se rendit chez sa mère; elle vint me prendre pour partir, et était chargée de me dire que sa mère avait si mal dormi, et était si souffrante, qu'elle ne pouvait avoir le plaisir de m'embrasser avant mon départ. Notre voyage se passa dans le plus morne silence : la supérieure trouva Louise pâle et abattue, et attribua ce changement au chagrin qu'elle avait eu de quitter ses parents. Le soir, en nous promenant dans le cloître, Louise me parla pour la première fois de l'état déplorable dans lequel elle avait trouvé sa mère à la suite d'une scène violente qui s'était passée entre elle et son père, après qu'on nous eut fait quitter la danse du village. Je ne sais, me dit Louise, mais jamais je n'ai vu ma mère si désolée : ses pleurs étaient entrecoupés de sanglots et de paroles qui lui échappaient involontairement; elle me pressait contre son cœur, et s'écriait : Pauvre Louise ! quoi ! je ne pourrai faire ton bonheur!... La gloire de ma famille, les seuls sentiments de mon cœur, tout sera contrarié par des vues que je désapprouve !... Puis elle se taisait, et répétait seulement : Ma fille ! ma chère fille !... Que voulait dire ma mère? reprenait Louise. Aurait-elle formé le projet de m'unir à Jules? Je l'ai quelquefois pensé : jamais je ne me suis arrêtée à cette idée; mais depuis ces exclamations involontaires, je ne saurais un seul instant la bannir de ma pensée et de mon cœur.

La douleur de madame Davenay fut la seule cause d'un manque de prévoyance qui vint éclairer Louise sur ces sentiments. Jusqu'à cet instant ils avaient été confondus pour elle avec ceux qu'inspirent la parenté et l'innocente confiance des premières années de la vie. A l'époque des vendanges on ne vint pas nous chercher; enfin, après la fête de Noël, la

L'amie   4

bonne demoiselle Dufour arriva avec une lettre du comte
pour la supérieure, à laquelle il demandait sa fille sans son
amie. Quelle fut la douleur de ma pauvre Louise ! il semblait
qu'elle me quittait pour ne plus me revoir. Vingt fois on vint
inutilement l'avertir que les chevaux étaient reposés et prêts
à partir ; il fallut cependant se séparer. Les craintes de Louise
ne se réalisèrent pas ; elle revint même plus promptement que
lorsque nous allions ensemble chez ses parents. Elle me dit
qu'elle n'avait pas vu son cousin ; que sa mère ne lui en avait
pas parlé ; que le vilain bossu n'avait pas manqué de dîner
tous les jours au château ; qu'il lui avait donné pour ses
étrennes une fort riche agrafe, très-admirée par son père et
par l'aumônier, et que sa mère avait à peine considérée ;
qu'elle avait laissé ce bijou, quelque riche qu'il fût, dans le
tiroir de son secrétaire, se trouvant heureuse de se séparer à
la fois du souvenir et de la présence du chevalier.

Louise passa l'hiver au couvent ; elle me parlait souvent
des chagrins secrets de la comtesse, et jamais un mot n'expliquait à qui elle en attribuait la cause. Sa tendresse pour
son aimable et sensible mère amenait ses aveux sur sa triste
position ; son respect pour l'auteur de ses jours suspendait
tout ce qui aurait pu retomber sur lui, et on pouvait croire
que madame Davenay était la seule cause de ses propres peines. Nos entretiens ne se terminaient jamais sans qu'il fût
question de Jules ; elle me rappelait les moindres événements
qui avaient eu lieu : tout avait fait trace dans son esprit, et
je suis sûre que ses gestes, son air, étaient aussi présents à sa
pensée que les mots les plus insignifiants qu'il avait articulés.

Enfin on vint prendre ma Louise à l'époque du 1er mai, et,
pour cette fois, le sort le plus cruel attendait ma charmante
amie. Peu de jours après son départ, je reçus par le fermier
de sa mère, qui était venu à Pontoise, une lettre de près de
huit pages. Elle me mandait que sans les bontés de sa mère
elle serait perdue ; que je ne la reverrais jamais ; que l'événement le plus affreux l'attendait au moment de son entrée dans
le monde. Elle m'apprenait que le hasard l'avait instruite de

son malheur avant le moment où sa mère était chargée de lui faire connaître les intentions de son père ; enfin elle me racontait qu'étant seule à broder dans le cabinet, tandis qu'on la croyait à la promenade avec mademoiselle Dufour, son père et madame Davenay étaient entrés dans la chambre à coucher ; qu'elle n'avait pas perdu un seul mot de la conversation la plus animée, et dont sa vie ou sa mort faisait le sujet, puis qu'elle avait appris dans ce funeste instant que son père était décidé à la marier au chevalier Dervilliers. Madame Davenay, au contraire, ne laissait percer dans ses réponses d'autre désir que celui d'unir Louise à son neveu. Mon amie me rendait compte en ces mots de l'entretien : « Comment avez-vous pu, disait mon père, penser un seul instant que je balancerais pour Louise entre une fortune et une considération tout acquises, et l'existence d'un jeune étourdi sans état, sans patrimoine et sans protection ? — La fortune de Louise est trop considérable, et vous ne pouvez me le dissimuler, pour ne pas replacer le vicomte de B*** dans le haut rang que son nom lui assure, et le faire partager à ma fille. — Son âge est un obstacle insurmontable, dit mon père. — Selon toutes les lois de la prudence et de la raison, répondit ma mère, celui de votre ami en est un bien plus invincible. — A quoi donc, madame, servit à votre famille de compter des ducs, des cardinaux de son nom, quand, à vingt-deux ans, votre neveu n'est encore que premier page d'un prince du sang légitimé, et que son plus grand espoir est d'obtenir une sous-lieutenance de cavalerie ? — Ce prince du sang légitimé est de tous les enfants du roi celui qui a le plus d'influence à la cour, et, s'il veut s'occuper de Jules, sa fortune est assurée. — Pourquoi ne l'a-t-il pas encore fait ? — On ne le lui a pas demandé, et tout, jusqu'au temps de page qu'on a fait prolonger à mon neveu, est une preuve de cet intérêt qui porte rarement les grands à presser le moment d'éloigner ceux qui l'ont fait naître : un mariage est l'occasion qui doit faire connaître l'étendue de la bienveillance qu'on lui accorde, et que la modestie de Jules ne lui a sûrement pas permis de m'exagérer. — Tout cela, madame, ne vaut pas l'honorable et magnifique état que la main du chevalier assure à votre enfant. Ma parole est donnée, préparez-la à m'obéir. Les fortunes se détériorent aisément, et avec le beau nom de monsieur le vicomte de B*** je ne veux pas exposer mes petits-enfants à être, comme vous l'avez été, élevés par la charité du roi. » En finissant ces mots, mon père sortit en fermant avec violence la porte de la chambre.

» Ma mère, ajoutait Louise, m'a trouvée baignée de larmes, et presque sans connaissance; elle m'a rassurée et est parvenue à me consoler en m'apprenant qu'elle avait écrit à madame la duchesse du Maine. Elle m'a montré une réponse à la vérité très-favorable, et dans laquelle cette princesse lui promet qu'elle saisira la première occasion de parler au roi, et d'obtenir pour Jules une compagnie de cavalerie. Ah! ma chère Lise, me disait cette pauvre enfant, je n'ai pu fermer l'œil depuis deux nuits entières, et, si quelquefois je cède à un assoupissement involontaire, des rêves sinistres, semblables au plus affreux délire, s'emparent de moi. Deux fois j'ai songé qu'au milieu de toutes les filles du village qui faisaient retentir l'air de leurs cris, on dirigeait mon convoi du côté du château de M. Dervilliers. » Louise finissait sa lettre en me demandant, avec la chaleur de sa piété douce et fervente, de prier madame la supérieure de faire dire une neuvaine pour obtenir que Dieu mît d'autres desseins dans le cœur de son père. Elle demandait, en outre, à la bonne sœur Marthe, de dire deux fois par jour son grand rosaire à son intention.

Le duc et la duchesse du Maine prenaient bien véritablement de l'intérêt au sort du chevalier; ils étaient très-satisfaits de concourir à relever l'ancienne maison dont il portait le nom, et se trouvaient peut-être flattés d'avoir eu un page d'aussi bonne race; mais malheureusement une assez grave indisposition avait empêché la duchesse du Maine d'aller pas-

ser la soirée du jeudi auprès du roi et de madame de Maintenon, comme c'était son usage habituel.

Madame Davenay n'avait pas voulu montrer à son mari la
lettre de la princesse, bien persuadée qu'il la rangerait dans
le nombre des réponses de pure bienséance; elle voulait attendre une chose plus décisive, espérant, d'après la promesse
qui lui en avait été faite, que le vœu du roi, pour l'union qu'elle
voulait faire contracter à sa fille, serait énoncé dans la lettre
officielle qui apprendrait au comte la grâce accordée. Sachant
à quel point il chérissait son souverain et respectait ses moindres volontés, elle se flattait d'obtenir un succès complet dans
un vœu si cher à son cœur. Cependant le chevalier Dervilliers,
instruit par un de ses amis qui était gentilhomme du duc, des
démarches que Jules faisait à Sceaux, supplia M. Davenay de
hâter les préparatifs de son mariage. Le samedi suivant,
M. Davenay ayant fait appeler sa femme et sa fille, elles trouvèrent dans son cabinet un notaire, venu de Pontoise, et deux
témoins. La comtesse avait reçu la veille une lettre de Jules.
qui lui détaillait les nouvelles promesses de ses protecteurs.
Persuadée qu'il y aurait assez de temps entre la signature du
contrat et la cérémonie du mariage pour qu'elle fût empêchée
par l'effet des grâces attendues, et voulant éviter la fureur du
comte, elle engagea la pauvre Louise à ne point résister à
l'ordre que son père lui donnait de signer cet acte, l'assurant
que le *oui* dit à l'autel était le seul engagement qu'on ne pût
rompre. L'infortunée signa en tremblant ce funeste contrat,
pâlit et s'évanouit.

Voilà, s'écria le comte, le fruit de la faiblesse romanesque
d'une mère qui a malheureusement approuvé le penchant de
sa fille pour un écolier sans état et sans fortune; mais je serai
obéi, et rien ne retiendra mon courroux, si l'on ose porter atteinte à mes droits paternels et à retarder l'exécution de ma
volonté. En sortant du cabinet, Louise, rendue à elle-même,
fut saisie d'un violent frisson, suivi d'une fièvre brûlante qui
ne cessa qu'au bout de douze heures. Pour rassurer sa mère,
elle se leva le lendemain comme à l'ordinaire, et entendit la

messe. Elle ignorait, ainsi que la comtesse, que le même jour le premier ban était proclamé au prône de la paroisse ; elles l'apprirent par leur vénérable curé, qui venait très-rarement au château : le caractère et les mœurs de l'aumônier du comte étant trop opposés à ses douces et pastorales vertus. Ce bon prêtre, partageant la douleur de madame Davenay et de sa fille, crut cependant ne pas devoir leur laisser ignorer que les bans, qui devaient être annoncés huit jours après, avaient été achetés, et que les plus grandes dispenses, accordées à la demande du comte par monseigneur l'archevêque de Paris, donnaient au père le droit de faire marier sa fille dans sa chapelle par son propre aumônier. A l'instant, la comtesse fit partir en poste le fils de son fermier ; il portait au jeune vicomte une lettre de quelques lignes, dont l'écriture était à peine lisible, tant le cœur de cette pauvre mère était agité. « Mon enfant, jetez-vous aux pieds de votre protectrice, le con-» trat de mariage de Louise avec le chevalier est signé, les » bans sont publiés : demain elle peut être sacrifiée. Depuis » vingt ans, je n'ai la force de vivre avec M. Davenay que dans » une soumission dégénérée en faiblesse, en terreur. Que je » suis malheureuse ! » Jules tombe en fondant en larmes aux pieds de la princesse, et lui présente cette lettre.

Quoique son indisposition ne fût pas encore totalement dissipée, elle ordonne à l'instant que sa voiture soit préparée, et part pour Versailles. C'était un Dimanche ; le roi, en sortant du salut, s'était promené en cariole dans son orangerie ; remonté chez lui, il avait eu à tenir un conseil privé, et ne s'était rendu chez madame de Maintenon qu'à dix heures du soir. Le duc, la duchesse de Bourgogne, le duc et la duchesse de Maine et plusieurs seigneurs favorisés, composaient ce petit cercle intime. Quand le roi arriva, toute cette société était très-occupée de la touchante position du jeune vicomte. Sa Majesté daigna en entendre le récit avec une grande attention, parla avec sa sagesse ordinaire sur le respect dû à l'autorité paternelle, mais elle insista sur l'abus qu'en faisait dans cette circonstance un brave militaire qui, après avoir quitté le service, n'avait apporté dans son intérieur que la plus dure habitude du commandement. Il se rappela parfaitement la valeur du père du jeune page, et cita lui-même quelques preuves historiques de l'ancienne illustration de la maison du vicomte de B....

La duchesse du Maine avait trouvé madame de Maintenon toute disposée à servir madame Davenay, qui avait été une des grandes élèves de Saint-Cyr appelées par son règlement à faire sa société particulière, et qui s'était acquittée avec grâce et sensibilité du touchant rôle d'Elise dans la tragédie d'*Ester*.

Enfin le roi partagea l'opinion des princesses et de madame de Maintenon sur ce qu'il ferait de convenable à sa dignité, en relevant un nom tant de fois cité avec éclat dans les pages de l'histoire. Faites partir un courrier pour la terre du comte Davenay, dit le roi à madame la duchesse du Maine, et mandez-lui que non-seulement j'approuve, mais que je désire l'union de sa fille avec le vicomte de B...; qu'en faveur de ce mariage, je donne au jeune vicomte une compagnie de cavalerie, en attendant un régiment qu'il ne tardera pas à avoir; que j'ajoute 50,000 francs pour les premiers frais d'établissement du jeune homme, et, que, dans quelque temps, lorsqu'il sera colonel, pour qu'il puisse paraître à ma cour d'une manière conforme au rang qu'il doit y avoir, je donnerai à sa femme une place de dame auprès de la duchesse de Bourgogne. Le ministre était présent lorsque le roi fit connaître toute l'étendue de ses bontés pour le jeune vicomte, et voulut faire délivrer de suite le brevet pour la compagnie de cavalerie. La princesse, rentrée dans son appartement, écrivit la lettre dans laquelle le roi permettait qu'on parlât en son nom ; mais il était déjà deux heures du matin avant que le vicomte eût reçu du ministre le titre ostensible qu'il voulait joindre à la lettre de la duchesse, et trois heures sonnaient quand il partit de Versailles à franc étrier, avec un piqueur et un palfrenier du duc.

Malheureusement ce que le bon curé avait prévu était arrivé; dès la pointe du jour, la chapelle avait été préparée, le comte

était entré chez sa fille, et du ton le plus solennel lui avait ordonné de se lever et de le suivre, lui disant qu'il veillait à son
bonheur, voulait la garantir de ses faiblesses et de celles de sa
mère, et remplissait en cela le devoir d'un père tendre et
éclairé. La comtesse s'était précipitée à ses genoux ; mais, oubliant ce qu'il devait à une mère, à une épouse, le comte, entièrement égaré par sa colère, frappa la comtesse assez violem-
ment sur le bras. Louise entend la plainte douloureuse de la
plus tendre mère, elle s'écrie : Non, celle qui m'a donné la
vie ne périra point pour moi ! Restez, mon père, je vous suis.
En un instant, aidée par une femme de chambre, elle passe
une robe, jette un manteau sur ses épaules, cache le désordre
de ses cheveux par un long voile de mousseline, prend le bras
du comte, et dans l'égarement du désespoir lui dit : marchons.
Elle se rend à la chapelle, sans regarder le chevalier qui
vient au-devant d'elle. Louise s'agenouille sur un des carreaux
qui étaient posés au pied de l'autel ; l'aumônier, déjà revêtu
de ses habits sacerdotaux, commence la cérémonie ; madame
Davenay, soutenue par mademoiselle Dufour et par une de
ses femmes, s'était traînée jusqu'à la chapelle pour ne pas
cesser de voir sa malheureuse fille ; fondant en pleurs, elle
demandait à Dieu de donner à son enfant chéri la force d'âme
que son malheur lui rendait si nécessaire ; mais au moment
de dire le oui fatal, le désespoir arrache seulement du cœur de
Louise un cri plaintif : Elle dit : oui, monsieur. — A l'instant
Louise tombe sur les marches de l'autel ; la cérémonie est
suspendue : on accourt, on l'a relève, on veut la ranimer ; elle
n'était plus ! Une émotion trop violente avait fait porter le sang
vers le cœur. On arrache madame Davenay du corps inanimé
de sa fille.

Tandis qu'on les portait toutes deux à leurs appartements,
le piqueur et le palfrenier du prince, instruits du sujet de
leur course, précèdent Jules, et entrent dans la grande cour en
criant : Vive le roi ! Ce cri de réjouissance, répété par les
paysans qui déjà étaient accourus pour la noce de la fille du
seigneur, se mêle aux cris de désespoir, aux sanglots qui re-

tentissent dans l'intérieur du château. Jules arrive, accourt, pénètre jusqu'à la chambre de Louise. Quel spectacle ! quelle douleur ! Il veut donner la mort aux barbares qui ont fait périr sa cousine, sa femme, ou la recevoir de leurs mains. Les imprécations, les fureurs, les cris, les sanglots, se succèdent ; enfin il succombe à ce déchirement affreux, et tombe sans connaissance. On le transporte dans un autre appartement ; il revient à lui, se lève en silence, sort, rencontre les gens de la duchesse, leur fait signe de le suivre, marche à grand pas, s'éloigne du village, ne s'arrête que dans la plaine voisine de la ville de Poissy, et tombe saisi par une crise nouvelle. Les gens qui l'avaient suivi en silence le relèvent, le soutiennent dans leurs bras ; un d'eux veut aller chercher du secours à la ville, mais il les implore, et obtient de leur compatissante soumission qu'ils resteront auprès de lui, et passeront la nuit dans le lieu où ses forces l'ont abandonné. .fortuné consent à boire quelques gouttes d'eau qu'ils s'(   ) procurées, s'étend sur la terre, y reste dans le silence de la mort jusqu'à la pointe du jour : il se lève alors, et continue de marcher à pied jusqu'à Saint-Germain. Avant d'entrer dans cette ville, il donne à ses deux serviteurs tout ce qu'il avait sur lui de précieux, les supplie de faire savoir à la princesse toute l'étendue de son malheur, et de dire que ses principes lui font envisager le suicide avec horreur ; que le monde et les crimes qui s'y commettent lui inspirent la même aversion, et qu'il allait s'enfermer à jamais dans un cloître. Il les quitte, et se rend à l'hermitage de Sénart sous le nom de frère Pacôme. La piété la plus austère, le silence observé parmi ces religieux, celui des bois où il passait une partie du jour à herboriser, lui firent supporter quarante ans le fardeau de la vie en ne pensant qu'à la mort. Je l'ai souvent rencontré, nous disait notre bonne tante, dans la belle partie de la forêt où est placé l'hermitage, son capuchon baissé sur ses yeux ; sa pâleur, son excessive maigreur n'empêchaient pas de remarquer dans toute

4..

sa personne un ensemble et une démarche qui le faisait distinguer des autres religieux.

Les habitants des hameaux voisins parlaient avec vénération de frère Pacôme et de sa haute piété ; une des routes
qui conduisent du village de Mainville à l'hermitage porte encore son nom. L'infortunée mère de Louise ne voulut plus
habiter le château, elle se fit transporter dans sa ferme, et y
passa deux années avant de terminer ses jours, tantôt écou-
tant avec toute sa raison les consolations pieuses de son cha-
ritable pasteur, tantôt livrée à une fièvre et à des accès de délire qui n'avaient que Louise et Jules pour objets. Dans un de
ces moments lucides elle voulut revoir l'amie de sa fille ; on
crut devoir lui donner cette satisfaction, et l'on partit à l'instant
même pour venir me chercher. La bonne Marthe obtint de la
supérieure la permission de m'accompagner. Notre arrivée
dans la grande salle de la ferme, où on avait placé le lit de
madame Davenay, la replongea dans son délire. « Ah ! vous
voilà, Lise ! me dit-elle ; vous allez la voir ; qu'on ouvre la fenêtre ; regardez dans la prairie ; là-bas, elle danse avec de jeunes vierges ; voyez la blancheur de leurs vêtements.... comme
elles sont légères ! elles ressemblent à des nuages éclatants;...
c'est Louise qui mène la ronde... Mais elle vient, elle vient,
qu'on ouvre la porte, elle vient avec une corbeille de fleurs
pour sa tendre mère » Les sanglots nous suffoquaient, la
bonne Marthe et moi. Il fallut nous séparer de cette mère infortunée; mais avant de quitter la terre Davenay, nous allâmes,
moi et la sœur, prier et pleurer dans la chapelle où reposaient
les cendres de Louise.

VII

LA VISITE DU BON CURÉ.

Le vénérable curé de la modeste paroisse d'Issy avait coutume de visiter de temps en temps le pensionnat de madame
Darmières; le temps de la première communion approchait,
et ce fut avec une joie bien vive que les élèves et l'institutrice
le virent arriver le dimanche de grand matin.

C'était un homme respectable, bon, indulgent, esclave de
ses devoirs, mais tendre et dévoué à ses paroissiens qui trouvaient en lui un père. Après les premiers témoignages de gra-
titude qu'inspiraient sa visite, madame Darmières le pria de
donner quelques avis, quelques sages conseils à ses élèves,
et le bon pasteur s'empressa de se prêter de bonne grâce à
son désir.

« Mes chères enfants, leur dit-il, je vais vous donner lecture
d'un petit traité de conduite par maximes dont vous retirerez,
j'espère, quelque fruit, car il m'a été inspiré par l'affection

que je vous porte et le désir de vous voir vous rapprocher le plus possible de la perfection, par votre conduite et vos pensées.

Par ce mot de maximes, j'entends quelques propositions de morale conçues en peu de mots : La conduite de soi-même peut être considérée en général et en particulier ; j'y traiterai succinctement de l'une et de l'autre, en commençant par la *connaissance de soi-même en général.*

I. Chacun est chargé de sa conduite dans les voies de la vertu et de la perfection. Dieu nous a créés sans nous, mais il ne nous sauvera pas sans nous : cette conduite est *importante,* il y va d'une éternité ; *difficile,* il s'agit de choses surnaturelles ; *indispensable,* on n'arrive que là où on a tâché d'arriver ; *personnelle,* les directeurs manquent souvent, et l'inspiration divine n'est pas toujours évidente ; il faut y apporter tout ce qui dépend de soi ; les plus courageux et les plus sages ne le sont pas trop pour réussir.

II. En général, il faut gouverner son cœur, sa propre volonté et tous les mouvements libres qui naissent de l'affection.

L'objet de cette conduite en particulier, ce sont les devoirs de la vie, surtout l'intention d'arriver à sa fin, choisir les moyens et bien les exécuter.

III. Ne rien risquer. Consulter toujours la foi, l'église, les opinions communes. Les nouveautés sont du moins dangereuses.

Craindre les fausses vertus. Prendre chaque chose pour ce qu'elle est : le précepte pour le précepte, le conseil pour le conseil, l'accessoire pour l'accessoire.

Les bonnes raisons. Les lumières de la foi. La parole de Dieu expressément énoncée dans l'Ecriture. Ne pas se gouverner par intérêt ni par inspiration, sans l'examiner rigoureusement.

Bien résoudre et bien exécuter. Ne se pardonner jamais une

faste contre sa résolution. Réduire en pratique les connaissances qu'on a du bien.

N'exiger de soi que ce que l'on peut; mais exiger tout ce qu'on peut; ne point se forcer, mais ne point s'épargner. Répondre à l'attrait de la grâce, et le suivre dans toute son étendue. Il est de la *douceur* de gouverner son cœur par attrait; il est de *la force* de le rendre constant dans le bien, sans écouter aucun prétexte de légèreté. *Douceur* sans lâcheté, *force* sans dureté.

Rien de plus suivi que la conduite de Dieu sur nous. La méthode fait tout; chaque chose en son temps et en son lieu.

Que tout tende au même but, et par la même maxime, et par le même esprit. Qu'il n'y ait ni haut ni bas: point d'inégalité. Un tout et un corps de vie spirituelle.

Les principaux points de la connaissance de soi-même sont:

Vouloir véritablement être tout à Dieu. Apporter une attention sérieuse au salut, l'entreprendre comme une affaire où l'on veut réussir: telle est la base de tout l'édifice spirituel.

N'omettre ni *vigilance* pour prévoir tous les moyens et prévenir tous les obstacles, ni *soins* pour embrasser tout ce qui conduit au salut, ni *précaution* pour éviter tout ce qui peut y nuire.

Etre dans la grâce de Dieu, et le croire prudemment avec une résolution invincible de ne la perdre jamais. Ne pas vivre dans la grâce de Dieu, c'est n'être pas dans la voie de cette conduite.

La docilité à l'esprit de Dieu, tout dépend de la grâce. On veut trop se gouverner par soi-même, et voilà la vraie présomption de l'esprit, le péché de l'ange. Moins il y a de nous dans nos actions, et plus elles sont parfaites.

Se fonder dans la crainte de Dieu et agir par amour; que cet amour soit le principe de toute notre conduite, qu'il entreprenne alors, et qu'il exécute.

Se défier de soi-même et se confier en Dieu. Savoir joindre ensemble la coopération et la confiance, de manière que nous attendions tout de la grâce, comme si nous·ne pouvions rien de notre côté, et que nous agissions de notre côté, comme si nous n'attendions rien de la grâce.

Se vaincre généreusement. Prier assidûment. Désirer ardemment la sainte communion, et d'un désir qui aille jusqu'à la faim et la soif.

Se former une idée de perfection qui soit propre de son état. Marcher à grands pas dans sa voie, et s'y exercer par la connaissance de soi-même et par une direction éclairée.

Ses moyens sont le règlement de vie pour tout ce qu'on doit faire l'année, le mois, la semaine, chaque jour.

Les exercices spirituels, prières, examens, méditations, lectures, usages des sacrements.

Le soin de marcher dans la présence de Dieu pour bien faire ses actions; de se mortifier extérieurement ; de ne passer aucune faute sans s'imposer une pénitence ; enfin, d'avancer dans l'art de la volonté, c'est-à-dire de se rendre maître de son cœur.

Les défauts de cette conduite sont ou *négatifs* ou *positifs*.

Les défauts *négatifs* sont, n'avoir point de conduite, c'est-a-dire, faire les choses comme elles se présentent, au hasard ; ou si on a une conduite, y manquer, et n'en suivre presque aucun des articles.

Les défauts *positifs* (ceci a un rapport particulier à la perfection) sont : 1° aller au-dessus, ou par superstition, ou par indiscrétion, ou par affectation; 2° à côté et hors de la voie propre, ou par ignorance ou par bizarrerie d'imagination, et peu de sens commun, ou par trop d'estime de soi-même et de confiance en son propre jugement.

De la conduite de soi-même en particulier. Devoirs à l'égard de Dieu en général. — Regarder en Dieu l'infinité de ses perfections. Conclure de cette vue..... donc jamais assez de foi, de confiance, d'amour, de zèle, de respect, d'obéissance, de satisfaction.

De la Foi. — Dieu mérite qu'on le croie ; rien de plus vrai que sa parole.

Le livre qui contient cette parole, c'est l'Écriture Sainte. L'église explique cette parole et en donne le vrai sens.

Moins je comprends, plus je crois ; la grandeur de nos mystères est une raison de croire : les vérités doivent être incompréhensibles comme Dieu.

On juge d'un effet par sa cause, et d'un moyen par sa fin. Le principe et la conduite de Dieu sur les hommes, est l'amour en tous nos mystères ; or il n'est rien qui ne convienne à un amour infini.

Croire, ce n'est pas dire, *je m'imagine, je pense*, mais *je tiens pour indubitable.* La vraie foi est d'avoir pour ce que nous croyons plus d'assurance que pour ce que nous voyons de nos yeux.

Marcher en vue de foi ; regarder toutes choses d'un œil surnaturel. Dieu se montre comme un père, nous devons nous montrer comme ses enfants.

De la confiance. — A peu de bonté, peu de confiance, à une bonté infinie, une confiance infinie.

Dire en toutes nos peines, *Dieu me protège selon son amour, il m'aime selon sa bonté infinie.*

Dire en tous nos désirs, *il le peut, il le veut, il le fera.*

Il faut accorder la crainte et la confiance sur le même objet, principalement sur ce qui regarde le salut. Tenir la crainte dans ses bornes légitimes, et porter la confiance jusqu'où elle peut aller. *Moi damné ?...* hélas ! cela peut être ; mais cela ne sera pas. *Moi sauvé ?...* cela peut n'être pas ; mais cela sera. Dieu, permettre que je me perde ?... Il le peut sans faire tort à aucun de ses attributs ; mais il ne le permettra pas.

On reçoit d'une bonté infinie tout ce qu'on attend. Attendre la grâce de pouvoir faire le bien, ce n'est pas assez ; attendez celle de le faire, et vous l'aurez.

On ne saurait dire trop souvent (quand on n'y met point d'empêchement), *je verrai mon Dieu, oui, je le verrai dans l'éternité.*

Dans une tentation, qu'on ne s'est point procurée, si on doute du consentement, il faut prendre le parti de la confiance : c'est une loi entre Dieu et l'homme; *garde-toi, et je te garderai.*

De la charité. — Dieu seul, Dieu sur toutes choses.

Prêt à tout, à tout quitter, à tout souffrir, à tout faire. Ce *prêt à tout* est le meilleur mot de la vie spirituelle; il remet en grâce et efface le péché.

L'amour supplée à tout, à la naissance, à l'éducation, à l'esprit, au tempérament.

L'amour est toujours égal; il ne connaît pas la différence des états les plus contraires, ni de la santé, ni de la maladie, ni de la consolation, ni de la sécheresse, ni des lumières de l'oraison, ni de ses ténèbres, ni de bon, ni de mauvais temps, ni de l'hiver ni de l'été.

Notre occupation est d'aimer Dieu et de le faire aimer.

Dieu est à nous ; et l'amour n'a que deux inclinations, d'aimer et d'être aimé.

La charité est un amour d'amitié; l'amitié est un amour naturel, connu de part et d'autre : la porte pour y entrer, est *je suis aimé.*

Devoirs à l'égard de Notre-Seigneur Jésus-Christ. — Se faire un fond d'admiration pour Notre-Seigneur, goûter sa personne sacrée, et trouver qu'en toutes choses il est plein de grâces et de vérité.

Notre-Seigneur, à le bien définir, est celui qui aime et veut être aimé.

Aimer Notre-Seigneur, par estime et l'aimer par amour.

Peut-on le connaître sans l'aimer, et l'aimer sans l'imiter ? L'imiter, c'est faire ce qu'il ferait, et ne point faire ce qu'il ne ferait point; notre règle, *Notre-Seigneur le ferait-il ?*

L'amour de l'homme ne va que jusqu'à l'union. L'amour

de Notre-Seigneur va jusqu'à l'unité : nous ne sommes tous en lui qu'un même Christ adorant le Père.

Devoirs à l'égard du prochain. — Regarder le prochain en général selon ce qu'il est ou ce qu'il peut être dans les desseins de Dieu ; le regarder selon qu'il est dans l'estime du Sauveur, le regarder comme le Sauveur même.

Jamais trop d'estime pour la récompense du prochain, ni de respect pour ses mérites, ni de bienveillance pour ses intérêts, ni de support pour ses défauts, ni de service dans ses besoins.

Regarder le prochain comme supérieur et comme frère.

Céder en tout et à tout, hors en ferveur. Ne s'opposer jamais à son bien. Ne pas consentir au mal le plus léger, pour lui plaire. Ne manquer jamais à son devoir par crainte ; le respect humain est le mépris de Dieu. Déférer en toute chose où Dieu n'est point offensé. On gagne plus à faire la volonté d'autrui que la sienne.

Pour les Bienfaits et les Grâces. — Aimer à faire plaisir. Obliger de bonne grâce. Ne refuser jamais un service demandé. Ne se point faire prier. Prévenir les prières et même les désirs. Ne croire jamais faire plaisir. Ne taxer jamais personne d'ingratitude à son égard. Se ressouvenir de cette parole de notre Seigneur : « Il est bien plus heureux de donner que de recevoir. »

Pour la Bénignité et la Douceur. — Avoir tous les égards possibles pour le prochain, et n'être pas fâché qu'il n'en ait pas pour nous. Excuser tout et trouver bon qu'on ne nous pardonne rien. Ne médire jamais de personne, et ne trouver pas mauvais qu'on dise tout le mal qu'on voudra de nous, vrai ou faux. Ne refuser jamais rien de ce qu'on nous demande, et prendre en bonne part qu'on nous refuse tout. Ne se fâcher contre personne, et souffrir volontairement qu'on se fâche contre nous

Devoirs à l'égard de soi-même en général. — Se bien connaître; se regarder comme un pécheur par état à l'égard d'un Dieu d'une sainteté infinie; toujours trop bien, toujours plus que je ne mérite, trop de naissance quoiqu'abjecte, trop de talents, quoique médiocres; trop de santé, quoiqu'infirme; trop de considération, pour peu qu'on m'en accorde; trop de biens dans les grands maux.

Pour l'Opinion et l'Estime de soi-même. — Il n'est permis qu'au juge d'examiner le coupable, et de le condamner : nous ne sommes pas juges du prochain, mais de nous-mêmes : nous devons donc regarder le prochain, non selon ses défauts, mais selon ce qu'il a de Dieu, et nous regarder selon ce que nous avons de nous-mêmes, selon ce que nous avons fait, selon ce que nous pouvons faire.

Notre partage est le néant et le péché, la malice et la faiblesse. Rien de ce qui est à moi n'est grand; tout ce qui est à moi n'est rien et presque rien.

Se mettre au-dessous de tous, se croire le plus grand pécheur de tous.

Pour la Haine de soi-même. — L'amour de Dieu est une haine de soi-même; l'amour-propre est une haine de Dieu; l'enfer ou la croix; l'amour bien ordonné de soi-même modère l'inclination naturelle qu'on a pour le bien propre de sa personne.

Dans les maux qui arrivent. — La patience dit: « Je voudrais bien ne souffrir pas, mais que votre volonté soit faite, Seigneur, et non la mienne. »

La résignation : « Tout ce qu'il vous plaira pour votre plus grande gloire, je n'ai plus de volonté. »

Dans l'Usage des commodités de la vie. — La modération dit : Jamais d'excès; l'abstinence dit : C'est assez du pur nécessaire, la haine de nous-mêmes dit : C'est même trop qu'un tout nécessaire; le moins qu'on peut et à regret. Est-on dans les peines ? on dit : Le plus qu'on peut en souffrir et avec joie.

Pour l'Humeur. — Ne rien faire par humeur; contre lire son humeur en toutes choses; se faire une habitude contraire à l'humeur.

Pour l'Esprit. — Cultiver sa raison ; se rendre l'esprit méthodique ; ne savoir point précisément pour savoir ; rendre ses connaissances pratiques ; ne pas se fier à son esprit ; renoncer à l'élévation des pensées et de l'expression ; enfin, se réduire à la simplicité.

Pour la Volonté. — Donner son cœur à Dieu, non point en maître, comme s'il était à nous, mais comme étant à lui ; ne prendre aucun droit parmi les hommes; obéir volontiers aux autres ; n'avoir point de propre volonté.

Madame Darmières. — Celles qui pratiqueraient ces préceptes dans toute leur pureté seraient assurément bien proches de la perfection; mais la faible humanité y peut-elle atteindre? Vos leçons germeront assurément dans le cœur de mes chères élèves, et si elles ne les rendent parfaites, elles les rendront du moins meilleures, j'en suis assurée. Mais ne serait-ce pas trop abuser de votre bonté que de vous prier de nous entretenir des premiers temps de l'histoire et des patriarches surtout, nous avons fait de cette époque l'objet du commencement d'une de vos dernières leçon, mais en nous occupant seulement du point historique, et en néglignant ce qui touchait de trop près à la religion.

Le curé. — Je donnerai volontiers sur ce sujet quelques instructions à vos élèves, mais je m'appliquerai en même temps à leur faire apprécier l'ordre admirable qui préside à tous les ouvrages de Dieu.

Éternellement grand et heureux de lui-même, Dieu en sort pour ainsi dire au moment de la création, sa parole agit sur le néant, et le monde existe. Il intime ses volontés au premier homme, Adam, et lui dit :

« Tu tiens tout de ma main ; tu relèves de moi seul ; je suis

» ton Seigneur et ton Dieu : il est donc dans l'ordre que tu
» dépendes de moi, et que tu m'honores par l'hommage de ta
» liberté. Tu n'arriveras à une permanente et véritable jouis-
» sance de toi-même, à l'empire absolu sur toutes les créatu-
» res qui t'environnent et que je soumets à tes volontés et à tes
» besoins, qu'autant qu'il règnera entre moi et toi un ordre,
» que des rapports de justice et de reconnaissance établissent
» et autorisent entre nous. Sois donc constamment fidèle
» observateur de cet ordre : de là dépend (garde-toi bien de
» l'oublier) ton bonheur personnel et celui de toute ta race.

Les saints livres ne nous transmettent pas, en termes exprès,
cet avertissement du Seigneur à Adam ; mais Adam, encore
dans l'état d'innocence, éclairé par conséquent d'une lumière
pure, sans nuage dans l'entendement, sans embarras pour dis-
cerner le vrai d'avec le faux, pouvait naturellement, et avec
beaucoup plus de justesse que nous, commenter ces paroles
qu'il avait entendues de la bouche même de Dieu : Ne mangez
pas du fruit que porte l'arbre de la science du bien et du mal.
Mais Adam, dupe d'un cœur trop complaisant pour sa compagne, s'oublie, oublie son Dieu, s'écarte par une désobéissance
formelle de l'ordre, qui seul pouvait le conserver dans son
précieux état ; sa chute entraîne celle du genre humain.

Voilà donc tous les hommes, nés d'un père réfractaire à
l'ordre de Dieu, frappés tous à la fois d'un seul coup, et traî-
nant après eux la chaîne du péché, qui a détruit l'ordre établi
entre le créateur et la créature. Ainsi en est-il d'un fleuve,
dont la source se trouve empoisonnée ; ses eaux ne portent
partout que l'infection et la mort ; ses rives et les champs
qu'il arrose, communiquent aux plantes, aux animaux, à l'air
même, la contagion qu'il a puisée dans sa source.

Cependant les jours de l'homme se multiplient, et avec
eux, les hommes eux-mêmes : Dieu les voit s'écarter tous de
l'ordre, au point qu'il se repent de les avoir créés. Dès ce
moment, il se détermine à les faire disparaître de la face de la
terre. Noé, pour avoir marché constamment dans les voies de
la justice et du devoir, trouve grâce aux yeux du Seigneur ;

seul et à sa considération , toute sa famille échappera au ra-
vage d'un déluge universel. Ici, après avoir remercié Dieu du
désir qu'il a de trouver, dans une nouvelle génération d'hommes , des adorateurs selon son esprit , voyons et admirons à
l'envi le grand ordre qu'il met , et dans ce qui précède le déluge , et dans les suites qu'il aura.

NOÉ. — D'abord Noé construira une arche , où lui et les
siens trouveront leur salut. Une arche ! oui ; et voilà l'image
naturelle de la séparation qui se fera au dernier des jours ,
des bons qui auront aimé l'ordre, et des méchants qui l'auront
méprisé. Noé est donc préparé à obéir au Seigneur; mais il
attend de son intelligence infinie, j'ose dire de sa complaisance
le plan et le devis de l'arche, avec toutes ses proportions , ses
dimensions et ses usages. Dieu y acquiesce, et beaucoup au-
delà de ce que pouvait espérer son fidèle serviteur. Il trace
donc et conduit tout l'ouvrage, fortifie sa foi contre les raille-
ries de l'impiété , couronne son courage et sa constance par
la perfection qu'il met en lui-même à l'entreprise.

Noé n'omet aucune des circonstances dans les-quelles est
entré le Dieu ordonnateur, et l'ami des âmes. Retiré dans l'u-
nique lieu de sûreté, qui lui était offert au milieu du naufrage
que l'univers allait éprouver, il entendait tous les réservoirs
du grand abîme se rompre avec fracas ; et les cataractes du
ciel répandre leurs eaux par flots. Cependant tranquille et
plein de confiance dans la parole de son libérateur, il ne se
permet ni empressement dans le désir, ni aucun acte de volonté propre. Celui qui m'a conduit dans ce port de salut, se
disait-il, est assez bon pour me donner un signal sur lequel
je me réglerai , soit pour en sortir, soit pour y demeurer. Un
signal ! Il l'avait dans la colombe, qui ne paraissant plus,
l'autorisait à croire que les eaux s'étaient retirées dans leur
lit, et que dès-lors la terre était devenue habitable.

Mais un signal, dût-on le supposer mille fois plus évident
encore ne suffisait pas et ne devait pas suffire à Noé : disposer
de lui-même, c'eût été, à son jugement, un attentat porté à

l'ordre. Ah ! sans doute une âme ordinaire ne serait point si lente à agir, elle ne regarderait pas comme atteinte donnée aux attributs de la majesté divine, si elle suivait, en semblable occasion, le mouvement naturel de l'impatience ou de l'impétuosité, peut-être même que l'empressement et l'activité se peindraient à ses yeux avec les couleurs du zèle et du devoir..

Voilà l'âme précipitée et peu attentive sur elle-même, par conséquent peu réglée : mesurez la distance qui sépare le ciel d'avec la terre, et vous aurez la différence qu'il y a entre cette âme peu intérieure et le patriarche Noé. Dieu s'était souvenu de lui avant la submersion générale, il s'en souviendra encore dans tout son temps, c'est à sa parole que Noé entra dans l'arche : *ingredere*. Il n'en sortira également qu'à sa parole : *ingredere*. Il ne connaît point d'autre mesure, d'autre marche, d'autre règle, d'autre ordre dans l'action.

Tel fut l'esprit qui dirigea ce saint homme sous l'égide de son protecteur, pendant que tout le genre humain périssait : ce même esprit se développa par des effets sensibles aussitôt qu'il pût lui témoigner sa reconnaissance. Nous touchons ici une loi, à laquelle le bon ordre se prête de lui-même, et souscrit volontiers sans qu'il ait besoin d'aucun commandement formel. Un bienfait parle sans cesse à un cœur bien né : payer d'un juste retour la personne qui l'a obligé, lui paraît un devoir indispensable : aussi l'ingratitude est-elle une espèce de désordre au tact du sentiment.

Noé, échappé des eaux du déluge, charge donc d'holocaustes l'autel qu'il a dressé au Seigneur ; le Seigneur les agrée, et s'engage à ne plus frapper la terre d'une malédiction commune et générale ; engagement qu'il daigne confirmer par un signe à jamais durable, qu'il place dans les nues. Ce signe, dit-il à Noé, me rappellera l'alliance nouvelle que je contracte avec vous, et toutes les générations que les siècles à venir verront naître et se succéder sur la terre.

Quelle gloire pour ce saint patriarche de se voir, par l'autorité de Dieu même, établi chef, dépositaire et héritier de cette justice qui vient de la foi ! Mais par quels degrés est-il parvenu à ce grand honneur ? L'Écriture nous l'apprend : Noé, juste et parfait, marcha en présence de Dieu; c'est-à-dire que, vivant dans une continuelle dépendance de l'esprit divin, il le prenait pour modèle d'ordre dans ses désirs, ses pensées, ses sacrifices, son culte et ses actions : aussi éprouva-t-il, pendant près de quatre siècles qu'il survécut au déluge, les précieux effets des bénédictions du Seigneur, essentiellement vrai et fidèle dans ses promesses.

Que ses descendants eussent été heureux, si, à l'exemple de leur père, ils avaient toujours consulté cet esprit de Dieu avant de rien entreprendre ! Mais à peine la mort leur eut-elle enlevé ce grand modèle d'ordre et de foi, qu'ils conçurent le projet de la plus folle vanité : le Seigneur le vit et le permit pour diviser ces hommes insensés, et commencer un nouvel ordre de choses, auquel était attachées la gloire de son nom et l'exécution des promesses qu'il avait faites à Adam, immédiatement après sa prévarication.

Il s'agit ici de la plus intéressante promesse que Dieu ait jamais donné à la terre. Un même anathème est lancé par le fait contre le premier homme, et dans lui contre tous les hommes pécheurs; au même moment une grâce inattendue lève cet anathème; Dieu outragé se réconciliera les coupables, et c'est la droite du Seigneur, c'est-à-dire le Messie, Homme-Dieu, qui opèrera ce prodige de force, cette réconciliation étonnante. Ses effets en sont encore bien reculés sans doute : les soupirs et les vœux ardents des plus justes et des plus saintes âmes ne pourront que nourrir leur foi dans cette rédemption, ils ne l'accéléreront pas; cette grâce est d'un genre si particulier, d'un prix tellement supérieur à toute espèce de grâce, qu'elle ne doit avoir lieu que dans la plénitude des temps assignés par la sagesse de son auteur.

Des siècles nombreux vont donc s'écouler jusqu'à ce que les hommes voient et entendent leur libérateur; leur foi en lui, ne pouvant que les consoler dans leur attente, les engager au moins à régler sur elle leurs désirs et leurs œuvres. Dieu, de son côté, attentif à conduire cet ouvrage, conçu et dirigé par son cœur paternel, fera naître, selon l'ordre qu'il a lui-même déterminé, des hommes pleins de son esprit, qui ne s'écarteront pas de la marche qu'il leur tracera; une foi inébranlable, une obéissance aveugle, un zèle soutenu, un courage intrépide... Telles sont les vertus dont ils marqueront leurs pas, et la source des mérites qu'ils acquerront en conséquence de leur foi dans le Messie qu'ils attendent.

ABRAHAM. — Si un même bienfait devient la matière et le fondement d'une même foi, il s'en faut de beaucoup cependant que tous y répondent avec une ardeur égale; que dis-je? la multitude y est insensible, et n'en fait aucune estime; elle ne prend conseil que des passions, et s'érige d'elle-même en corps de nations infidèles, par conséquent ennemies de Dieu, le seul digne de porter le nom de Dieu bienfaisant.

Semblable à un lis dont la superbe tige s'élève du sein des épines, Abraham paraît et fixe sur lui les regards du Seigneur. Doué d'un cœur droit et fidèle, il marchera partout où son Dieu l'appellera; patrie, repos, projets, tendresse légitime, il sacrifiera tout au premier signe qui lui sera donné, d'après le commandement qu'il recevra de se conduire toujours sous le bon plaisir de Dieu, il portera la foi, l'espérance et la charité à leur perfection; il sera le premier des mortels que le père céleste choisisse comme une image fidèle de générosité à immoler pour le salut du monde son fils unique. Père un jour des croyants par la simplicité, l'étendue et la vivacité de sa foi, il deviendra encore le confident de Dieu même. Se peut-il, disait le Seigneur, par le ministère des anges qui le représentaient, que je laisse ignorer à Abraham un secret que je tiens encore sous le voile du mystère? Non; il saura que les plus grandes destinées reposent sur lui, et qu'en lui seront bénies toutes les nations de la terre.

Est-il une période d'honneur comparable à celle-ci, soit dans son mode, soit dans ses conséquences! Difficilement on trouvera un trait de complaisance et d'estime de la part de Dieu pour sa créature, qui en approche; n'en soyons point étonnés

Je connais Abraham, ajoutait le Seigneur, très-satisfait de se signaler en personne à mon service ; il prendra de si justes mesures, il établira un tel ordre dans sa famille pour me l'attacher, que même après sa mort, ses descendants se montreront dignes de leur père, par leur zèle à observer tout ce qui tient à mon culte. Sans doute qu'Isaac et Jacob sont ici particulièrement désignés comme héritiers des mêmes promesses, parce qu'ils l'étaient de la fidélité d'Abraham.

Quels hommes encore que ces patriarches ! qu'ils figurent noblement dans le tableau abrégé qui présente à notre imitation ces beaux cœurs, ces esprits dociles, ces âmes bien nées, qui, par principe de religion, se font un devoir de dépendre absolument de Dieu, pour agir ou n'agir pas, toujours pour régler leurs mouvements intérieurs et extérieurs sur sa volonté suprême, qui est justice et tout ordre !

MOÏSE. — Après eux paraît, sous la dénomination de thaumaturge, le législateur et le prophète, Moïse, l'homme dont Dieu fait choix pour amener un nouvel ordre d'événements qui contribueront à développer ses desseins de prédilection sur un peuple qu'il s'est spécialement choisi entre tous les peuples de la terre. A lui seul en effet appartient la gloire d'honorer le Seigneur par un culte qui éternise celui de ses ancêtres, culte de pureté, de foi dans le Messie, par qui lui et toutes les nations doivent être bénies ; mais ce peuple gémit sous le cruel empire d'un idolâtre, dans la plus honteuse servitude, qui lui ôte tous les moyens de remplir le devoir religieux.

Ses gémissements attendrissent le Seigneur ; l'alliance qu'il a contractée avec Abraham, Isaac et Jacob, alliance scellée de la plus authentique promesse, se représente à son souvenir ; les enfants d'Israël seront secourus. En vain on insistera ici sur les moyens que Dieu prit pour les conduire à la terre de Chanaan, héritage qu'il s'était engagé de leur donner en parlant à leurs pères. Ce qu'il convient d'observer, pour prouver

que Dieu ne fait rien qu'avec ordre, c'est cet enchaînement de prodiges, tous plus surprenants les uns que les autres.

Faut-il les délivrer de l'oppression ? l'Egypte, accablée d'un grand nombre de plaies, se verra forcée de prêter elle-même la main à leur évasion : prodige d'une valeur irrésistible.

Faut-il protéger leur retraite? La mer Rouge leur ouvre un passage assuré, tandis qu'elle engloutit dans ses flots leurs persécuteurs : prodige d'une justice aussi effrayante que terrible.

Faut-il les alimenter pendant quarante années dans un désert aride? Les nues leur préparent une manne délicieuse; les cailles tombent dans leur camp, en nombre comparable au sable de la mer; les rochers leur fournissent des eaux en abondance, et pour eux, et pour leurs troupeaux : prodige d'une providence toute paternelle.

Faut-il les former peu à peu aux vertus que Dieu a droit d'attendre de leur reconnaissance? Moïse, admis à voir le seigneur face à face, leur apporte les tables de la loi, dresse un code de préceptes, relatif à tous les états; la religion a son cérémonial, son rit, sa liturgie, son culte extérieur, ses purifications, ses ministres, ses sacrifices; l'état civil et moral a ses ordonnances, sa police, ses règlements, sa sanction, c'est-à-dire, ses récompenses et ses punitions : prodige d'une surveillance toute divine.

Faut-il les mettre en possession de la terre promise? Josué, successeur de Moïse, et la figure de Jésus-Christ (à qui seul il appartient de nous introduire dans la vraie terre des vivants), pour prévenir tout murmure et toute contestation, distribua cette terre aux Israélites par la voie du sort, selon le commandement qu'il en avait reçu de Dieu même : prodige de prévoyance, propre à étouffer tout germe de cupidité naissante.

Cependant les temps avaient moissonné et Josué et les anciens chefs, tous témoins des merveilles que le Seigneur avait opérées en faveur d'Israël : aussi voyait-on partout le relâchement, la corruption, l'idolâtrie. Que fait Dieu pour conduire

avec ordre les événements relatifs au Rédempteur promis? Sa
main, appesantie sur les infracteurs, les accable sous le poids
de la misère et de l'oppression, jusqu'à ce qu'ils le fléchissent
par leurs larmes. Réconciliés avec lui, ils reçoivent de sa toute
bonté des libérateurs ou juges, qui les gouvernent en son
nom : fidèles ou pénitents, ils n'en sont pas moins son
peuple, conséquemment à son alliance faite avec Abraham,
et renouvelée sous Moïse.

Inconstants par caractère, les Israélites adressèrent à Samuël, le plus saint comme le dernier des juges, une prière
qui lui est personnellement fort injurieuse : Cessez de nous
gouverner, disent-ils, donnez nous un roi. Samuël n'est pas
insensible à cette démarche, et s'en plaint au Seigneur : ce
procédé, lui répond-il, devient un affront qui tombe plus sur
moi que sur vous ; ils me rejettent, ces ingrats, ils ne veulent
plus que je règne sur eux. Cependant faites leur sentir l'in-
conséquence de leur demande, et, s'ils persistent à ne vouloir
plus, contre l'ordre que j'avais établi, que je les gouverne en
père et en protecteur, donnez-leur un roi.

DAVID. — Le premier qui monte sur le trône d'Israël
(ô conduite admirable), est du choix même de Dieu : sans
doute, sa toute science avait prévu cette irrégularité mons-
trucuse, de la part d'un peuple qu'il avait comblé de bénédictions depuis sa sortie de l'Egypte ; il n'importe, du sein même
du mal il tirera le plus grand bien. Dans la liste de rois que
va compter Israël, peu le feront connaître et respecter ; beaucoup abjureront son culte et ses autels : mais à la tête de ceux
qui l'honoreront par une conduite tout-à-fait religieuse, paraît un homme selon son cœur, David, cette tige d'où sortira
la mère du Messie, le Messie lui-même, qui gouvernera toutes
les nations sous les titres de chef et de premier né de tous les
hommes, de roi immortel de tous les siècles, de souverain
Seigneur de l'univers, de Dieu avec nous, de seul héritier du
sceptre de Juda, ainsi que l'avait prophétisé Jacob mourant.

5.

PROPHÈTES. — Nous parlons de prophétie! Oui, et nous les regardons comme un signe d'ordre, auquel on ne peut méconnaître la conduite d'un Dieu autant infini en sagesse qu'en bonté. On comprend que parmi tant de princes scandaleux, adonnés même au culte des idoles, les peuples ont suivi leurs exemples; que, séparés d'ailleurs de domination et de religion, ils ne purent qu'en très-petit nombre se maintenir dans la fidélité à la loi, et nourrir une aversion mutuelle, qui durait encore du temps de Jésus-Christ. Il fallait donc que Dieu, toujours fidèle à ses anciennes promesses, soutînt ce petit nombre qu'il s'était réservé dans les deux royaumes d'Israël et de Juda.

Aussi ne permit-il pas, pour l'honneur de sa religion, que ce secours de première nécessité manquât. Le dépôt de la science et de la loi resta entre les mains des prêtres, et l'inspiration, qui opère des miracles, entre celles des prophètes. Ceux-ci, connus par la vie la plus sainte et la plus austère, ne paraissaient en public que pour obéir à Dieu, défendre la vérité, entretenir les peuples dans la seule et vraie religion; du reste, indifférents sur l'estime ou le mépris que leurs fonctions pouvaient leur attirer, ils parlaient avec une noble liberté aux grands et aux petits; confondaient les faux prophètes, qui flattaient les uns et les autres; annonçaient ce qui devait arriver à tout le corps de la nation, guerres désastreuses, défaites humiliantes, longue captivité, domination étrangère, sa dispersion et son retour, la destruction, ainsi que le rétablissement de la ville et du temple de Jérusalem, enfin sa ruine entière par les Romains.

Mais l'objet auquel s'attachait plus particulièrement les prophètes qui écrivaient sous la dictée de l'Esprit Saint, était le Messie, c'est-à-dire tout ce qui avait rapport à son adorable personne, sa naissance, sa prédication, ses souffrances, sa mort, son tombeau, sa résurrection, et le tout dans un tel détail de circonstances, que quelques-uns d'entre eux peuvent être regardés plutôt comme historiens que comme prophètes.

Que ces vérités sont intéressantes, quand on réfléchit sur cet ordre qui règne dans les évènements de la religion ! Peut-on, après ce coup-d'œil, ne pas l'aimer, ce chef-d'œuvre de la sagesse, de la bonté, de la puissance divine, dans tous les traits qui en forment une sorte de chaîne, dont chacun des anneaux lie l'homme à Dieu, depuis le péché d'Adam jusqu'au dernier avènement du libérateur, réparateur et sauveur du monde, Jésus-Christ notre Seigneur !...

Je ne continuerai pas de présenter les faits qui ont occasioné la réunion des Israélites sous le nom de nation juive, ils ne marquent point assez pour exciter un véritable et utile intérêt, je passe donc à l'alliance nouvelle qu'un Dieu-Homme est venu sceller de son sang. Comme les fastes précieux de cette sainte alliance sont plus généralement connus de vous, grâces aux leçons de votre pieuse institutrice, je n'en présenterai qu'une esquisse, votre mémoire complètera le tableau.

JÉSUS-CHRIST. — Engendré de toute éternité dans le sein de son père, conçu par l'opération du Saint-Esprit dans le sein de Marie, épouse de Joseph, descendant l'un et l'autre de David, Jésus, le désiré des nations, le sauveur du monde, Dieu et homme tout ensemble, né à Bethléem. Voilà l'accomplissement des promesses dont les saints livres parlent si souvent avec tant de certitude et de clarté. Mais que fera Jésus pour exécuter, dans le plus grand ordre, son dessein de rédemption générale? Il n'est encore que l'enfant d'un jour, couché dans une crèche, et déjà il ouvre un cours d'actions et d'enseignements, qu'il ne finira que sur la croix.

Hommes de bonne volonté, bergers et mages, vous verrez ses premières actions, vous entendrez ses premières leçons. Comme il vient pour accomplir et perfectionner la loi, pour remplir toute œuvre de justice, pour montrer le chemin du ciel par l'étude et la pratique des vertus, ignorées avant lui, il ne se montrera aux hommes qu'après avoir passé plus des trois quarts et demi de sa vie dans la retraite. Bethléem gémira de le trouver souffrant et dénué de tout; Nazareth le verra dans l'obscurité des conditions, dans l'indigence de la vie, dans la continuité du travail ou de la prière, dans une parfaite soumission de jugement et une continuelle obéissance d'action. Tels sont les premiers fondements que pose sa sagesse.

Il savait que le plus efficace et le plus court moyen, tout à la fois, d'inspirer la vertu est l'exemple ; qu'étant venu en qualité de maître et de docteur des nations, il n'insinuerait ses principes célestes qu'autant que lui-même il s'y conformerait le premier : il avait à faire un jour l'éloge de la pauvreté, des souffrances, du renoncement à soi même, de la pénitence, de l'humilité, etc., etc. Il prévient ce jour et parle ; ici, par sa crèche, par ses langes, par ses larmes, par son silence ; là, par l'assiduité à la prière et au travail, par la fuite du monde et la dépendance la plus exacte. — Agir avant d'enseigner.

Mais il lui fallait prouver qu'il était le Messie attendu : or, quelle plus forte preuve que les miracles ? D'abord ils étaient annoncés par les prophètes ; c'est à ce trait qu'il semble rappeler les députés de Jean-Baptiste, auxquels il ne donne, pour certitude de sa mission, que les miracles dont il les avait rendus témoins. De plus, ces miracles avaient été prédits longtemps avant qu'ils s'opérassent.

Les apôtres étaient appelés et choisis pour annoncer et propager l'Évangile du royaume ; il faut qu'avant d'instruire, ils soient eux-mêmes instruits des conditions auxquelles on peut l'acquérir. Les voilà en conséquence devenus les disciples du divin maître, imbus de ses préceptes salutaires, initiés dans les mystères mêmes. Admis à remplacer les chefs des douze tribus de l'ancien Israël, ils travailleront bientôt à former le nouveau peuple, et à le rassembler dans l'église sainte, que Jésus-Christ acquerra au prix de son sang.

Et pour opérer de si grandes choses, quelle que soit leur faiblesse, ils recevront dans son temps le secours d'en haut, lumière, courage, intrépidité ; la vertu même des guérisons et des miracles les accompagnera, parce que l'œuvre de Dieu par excellence leur est confiée.

La Mort et la Résurrection de Jésus-Christ. — Les figures avaient laissé entrevoir ces profonds mystères de la justice et de la bonté divine pour des coupables. Les prophètes s'étaient expliqués sur la nature et le détail de ces deux événements, autant inconcevables à l'esprit humain qu'ils sont incontestables par le fait. Jésus-Christ lui-même, dévoré de zèle pour le salut des âmes, ne voyait arriver qu'avec lenteur le moment qui mettait le comble à ses vœux et à son amour pour tous les hommes.

Déjà, il avait annoncé sa résurrection, qu'il avait donnée comme preuve de sa mission divine; il ne lui manquait plus, pour couronner l'œuvre de notre rédemption, que de subir sur la croix une mort volontaire. Ressuscité au scû et au vû de ses disciples, il régle leurs pas et leurs démarches jusqu'à ce que, rendu lui-même à son père, il leur envoie son esprit pour les élever à la dignité de fondateurs de sa religion.

Je ne m'appesantirai pas, chers élèves, sur le mérite de cette religion toute divine, donnée aux hommes, soit quant au fond, soit quant à la forme; j'ai répondu aux vœux de votre excellente-institutrice en prenant cette œuvre de Dieu dès son origine, et la conduisant jusqu'à son parfait rétablissement. En effet, nous voyons Dieu s'engager d'abord par des promesses, ensuite faire succéder à ses mêmes promesses réitérées, quand les circonstances l'ont exigé, les prophéties; à ces prophéties devenues nécessaires pour entretenir Israël dans la foi aux antiques promesses, le Messie lui-même, qui en était le grand et l'unique terme; au Messie notre Seigneur, verbe de Dieu, consubstantiel à son père, devenu homme pour notre amour, les apôtres remplis de son esprit; aux apôtres enfin leurs légitimes successeurs, auxquels ils ont conféré le même esprit, qui ne cessera de les gouverner jusqu'à la fin du monde; en sorte que depuis le pontife assis aujourd'hui sur la chaire de saint Pierre, nous remontons par succession jusqu'aux apôtres, jusqu'à Jésus-Christ; de Jésus-Christ jusqu'aux prophètes; enfin par la tradition des patriarches, jusqu'à Adam, à qui ont été faites les premières promesses d'un Messie. Qu'on déplace ces circonstances, que l'une précède l'autre ou la suive, l'enchaînement dès-lors n'a plus lieu, le plan n'existe plus dans son intégrité, et ce n'est plus l'œuvre de Dieu.

Ici le bon pasteur interrompit sa leçon et reçut les remercîments empressés de tout le jeune auditoire qui n'avait cessé d'écouter sa parole consolatrice avec le plus vif intérêt comme le plus profond recueillement.

VIII

LA POLITESSE ET L'USAGE DU MONDE

Dans une des intéressantes promenades que madame Darmières faisait faire à ses élèves pendant la belle saison, elle
amena au moment du repas la conversation sur la politesse à
laquelle une de leurs compagnes avait manqué quelques jours
avant, et su, par une transition adroite, exciter leur attention, pour leur donner d'utiles conseils.

Il y a deux sortes de politesse, leur dit elle, celle qui tient
aux usages, et qui, par cette raison, varie selon les siècles et
les pays où l'on vit : les principes en étaient contenus, il y a
deux siècles, dans un petit traité imprimé en caractères go-
thiques, et intitulé : *la Civilité puérile et honnête;* on apprenait alors dans ce prétendu code de la politesse et du bon ton,
qu'il ne fallait pas parler dans le nez des gens, ni éternuer
sans se détourner, ni cracher par terre, etc. La moindre gouvernante sait de nos jours, sur ces notions de politesse, tout
ce qu'il faut enseigner à l'enfance. Quant à la politesse qui
tient à la bienveillance, à la bonté du cœur, elle est le fruit
d'une éducation soignée et réfléchie; elle est de tous les pays
et de tous les temps. Il est pourtant nécessaire de connaître
et de pratiquer la première; mais on ne fera le charme de la
société qu'en étant pénétré des principes et de l'utilité de la

5..

seconde. Tout ce qui tient à la délicatesse, à l'extrême propreté, entre dans les règles à observer pour être vraiment
polie. Il ne faut occasioner aucun dégoût aux autres dans
toutes les habitudes de la vie; c'est surtout à table, où la
propreté du service et celle des convives vient ajouter au
plaisir du repas, qu'il faut le plus promptement s'accoutumer
à tous les petits usages de la politesse. Il faut donc manger
avec le plus de propreté possible, et y ajouter même de la recherche et des grâces. Je me souviens que, dans ma jeunesse,
la société d'un savant traducteur d'Homère, qui venait beaucoup chez mes parents, me devint insupportable, parce qu'il
mangeait et parlait à la fois avec tant de gloutonnerie et de
véhémence, que, toutes les fois qu'il prononçait le nom de
Ménélas, il nous faisait apercevoir une aile entière de perdrix
dans sa bouche; il ne parvint pas à me dégoûter d'Homère,
mais je le fus si complètement de son traducteur, que j'obtins
de mon beau-père de ne plus l'inviter à sa table.

J'ose espérer que vous serez toutes faciles à servir ; qu'en
tenant l'ordre par vous-mêmes dans votre ménage, vous for-
merez par ce seul et louable moyen vos domestiques à l'habitude de l'y faire régner ; mais si vous en avez quelqu'un qui
soit novice ou maladroit, s'il pose mal un plat, s'il casse un
verre ou une porcelaine en vous servant, s'il vous fait attendre, songez que c'est manquer à toute espèce d'égards que de
gronder ses gens en présence de ses convives. Appelez celui
que vous avez à reprendre, parlez-lui bas, d'une manière précise et brève, en vous réservant de le reprendre en particulier ; si vous pouvez même éviter de lui parler, c'est encore
mieux, car vous courez le risque d'une réponse gauche et im-
pertinente. Il faut savoir laisser casser une porcelaine précieuse, ou jeter par terre une pièce d'argenterie, sans montrer le plus léger mécontentement ; on vous en saura gré, car
on n'ignore pas combien les femmes soigneuses par elles
mêmes sont attachées à ces petits objets d'ornement.

Le dialogue avec les domestiques, lorsqu'ils servent, est
une impolitesse, puisque c'est un moment où vous suspendez

toute l'attention que vous devez aux personnes que vous recevez et dont rien ne doit distraire. On ne dit pas *je vous re-
mercie* aux valets qui servent chez les autres; ils ne font que
ce que leur maître leur ordonne ; mais si on a quelque chose
à leur demander, il faut le faire dans des termes tout à fait
différents de ceux dont on se sert pour parler à ses propres
domestiques.

La fortune et le rang amènent tant de différences dans le
service de table, qu'il est difficile de prescrire juste ce qu'il
faut y faire. Chez les princes, chez les grands, chez les ministres et chez les gens très-riches, qui ne manquent jamais
de les imiter, les valets de la maison sont seuls admis pour
servir à table ; les maîtres d'hôtels coupent les viandes, et
font le tour de la table en vous offrant de tous les mets, de
tous les vins. On vous présente aussi en sortant de table des
jattes de porcelaine ou de cristal contenant des verres d'eau
tiède pour se laver la bouche et les extrémités des doigts : il
ne faut ignorer aucun de ces usages et ne pas tomber dans la
gaucherie d'un membre de l'assemblée des notables, convo-
quée en 1787 par l'infortuné Louis XVI. Ce provincial se plaignait, au bout de quinze jours de son séjour à la cour, que sa
santé était très dérangée, parce que les valets lui présentaient
toujours à boire à la fin de ses repas un grand verre d'eau
tiède, et que cet usage lui avait délabré l'estomac.

Partout où il n'y a point de maître d'hôtel et un grand nombre de serviteurs, c'est la maîtresse de la maison qui doit
couper et servir ; comme il y a peut-être dans Paris cent maisons seulement montées sur le pied des grandes maisons, et
que chaque grande ville en compte tout au plus une ou deux
de cet ordre, je ne vous ai donné quelques notions sur les
usages des grands que pour vous préserver de toute gaucherie si quelque circonstance vous faisait admettre dans leur
société. Filles de braves militaires, vous n'êtes point destinées à un état de magnificence, et vous devez seulement être
formées pour la vie bourgeoise et simple. Si les femmes ser-

vent à table, c'est parce qu'elles sont les ménagères et les écono-
nomes de la maison.

La fortune des familles dépend de l'économie des femmes.
Les hommes doivent être généreux ; leurs compagnes écono-
mes et ménagères ; c'est par ces vertus qu'elles sauvent leurs
enfants des malheurs qui accompagnent la misère. — On ne
peut se faire une juste idée de ce que vaut dans une famille
une femme véritablement économe et laborieuse. L'aiguille
qui ne rapporte à l'infortunée que de quoi manger du pain
peut valoir plus de 1,200 francs par an à une bonne ménagère ; elle fait ses robes, celles de ses filles, leurs chapeaux
leurs bonnets, les layettes de ses enfants ; elle fait durer son
linge plusieurs années de plus que celui d'une femme paresseuse ; par sa propreté elle entretient son mobilier ; ses robes,
préservées de taches, conservent leur fraîcheur; elle achète
elle-même, en bornant sa dépense à son revenu.

On doit avoir sous clef les objets de consommation les plus
chers, tels que le vin, les liqueurs, le sucre, le café, les confitures ; des domestiques fidèles relativement à l'argent, et
qui ne se permettraient pas de dérober une pièce de vingt
sous et qui ne surchargeraient pas un mémoire d'un centime,
entraînés par la gourmandise, trompés par de faux arguments, ne se feraient pas de scrupule de dérober ces provi-
sions.

Les femmes sont privées par nos modes actuelles d'un
grand avantage pour les bonnes ménagères : on ne porte plus
de poches, mais le soin peut suppléer à cet inconvénient; une
seule clef de secrétaire portée dans son sac ou à une chaîne
de cou suffit pour s'assurer de toutes les clefs de la maison.

Si par hasard vous vous trouviez dans ces sociétés où l'on
fait de mauvais lazzis sur les noms des mets qui sont servis,
ne blâmez point cette triviale gaîté, mais sachez qu'elle est
et qu'elle a toujours été bannie de la bonne compagnie

Sachez encore qu'il est convenable qu'une maîtresse de
maison serve au besoin avec grâce et propreté. Les vins d'en-
tremets, les liqueurs, sont aussi versés par elle ; c'est, comme

je vous l'ai dit, un usage général en France. Vous savez sans
doute déjà que les places d'honneur à table sont des deux
côtés de la maîtresse de la maison ; le mari, qui se met ordinairement en face d'elle, est de même livré aux soins de faire
les honneurs et a deux places de prédilection à offrir. Les
meilleures, après celles que je viens d'indiquer, sont vers le
haut de la table, au côté opposé à celui de la porte par laquelle se fait le service. On ne quitte pas la table sans avoir
fait une légère inclination qui est un signal poli pour tous les
convives.

Il ne faut pas ignorer non plus qu'on ne doit jamais monter la première dans sa voiture, ni se placer dans le fond si
l'on est avec plusieurs femmes mariées; la place sur le devant, quand il n'y aurait qu'une banquette incommode, est
celle de la maîtresse de la voiture.

Il faut aussi dans son appartement offrir toujours sa ber-
gère ou son meilleur fauteuil à la personne que l'on reçoit. Je
vous conseille de faire ce sacrifice avec grâce, et même avec
quelque instance, lorsque vous recevez une femme que vous
considérez, mais de ne jamais l'accepter chez les autres; s'il
est convenable de l'offrir, je trouve très-impoli de l'accepter.
L'usage le plus ancien a perpétué jusqu'à nous l'habitude de
saluer lorsqu'on éternue; on disait même autrefois : *Dieu
vous bénisse*; on assure que cette petite politesse de société
date d'un temps fort éloigné, où une maladie épidémique régna dans toute l'Europe, y fit de grands ravages, et débutait
par un éternuement; ainsi, il paraît que c'était une espèce
de vœu adressé au ciel pour qu'il garantît la personne qui
éternuait des atteintes de cette cruelle maladie. A la cour,
lorsque le roi ou la reine éternuait, toutes les dames faisaient
une révérence, et je me souviens, dans ma grande jeunesse,
d'avoir trouvé quelque plaisir aux rhumes de cerveau de leurs
majestés, lorsque le cercle entier saluait leurs éternuements.

Une des choses les plus impolies dans la société est d'interrompre une personne qui parle pour prendre soi-même la
parole; si, par inadvertance, on tombe dans cette faute, il

faut la réparer promptement par le silence, et même y ajouter une inclination de tête qui indique l'excuse que l'on doit faire. Toutes ces pratiques de politesse ne doivent pas seulement avoir lieu pour les personnes que l'on voit très-rarement, il faut en entretenir l'usage dans la vie privée et même en grande partie avec les siens. Les égards mutuels ajoutent un grand charme aux liens intérieurs, ne nuisent en rien à la confiance et à l'amitié, et éloignent, au contraire, une familiarité grossière qui pourrait y nuire.

Je viens vous entretenir d'une partie des choses à observer pour pratiquer et se rendre familière une politesse qui acquiert infiniment de charmes, lorsque en commençant jeune à être polie on y joint les grâces de l'habitude. Mais ces leçons ne sont utiles que pour celles qui se trouvent déjà disposées, par un juste désir de plaire, à en apprécier la valeur. Il y a des êtres si gauches, si insouciants, si peu disposés à recevoir d'utiles leçons, quelque talent que l'on puisse avoir pour en donner, que milord Chersterfield, l'homme de son siècle et de sa nation qui connaissait le mieux les usages de tous les pays, et particulièrement ceux de la plus haute société, entreprit inutilement de diriger lui-même l'éducation de son fils qu'il aimait éperduement. Aucun détail ne se trouve négligé dans quatre volumes composés de lettres écrites par cet homme célèbre au jeune lord Stanhope. Là se trouvent mêlés à l'érudition la plus étendue des avis salutaires sur tous les secrets replis du cœur des hommes, sur les usages du monde, sur la politesse à observer dans les cercles, au jeu, à la table : on croirait, en lisant ce code charmant, que le jeune homme le plus parfait donnait à peine l'idée de ce que devait être le fils de milord Chersterfield à son début dans le monde; mais ces lettres spirituelles n'ont été profitables qu'à d'autres, et point à celui qui en était l'objet. En vain milord avait recommandé à son fils la propreté, la recherche des manières, les grâces aimables : il était, après avoir voyagé dans toute l'Europe, aussi gauche, aussi malpropre que le plus grossier paysan qui aurait à l'instant quitté la charrue pour paraître dans

le grand monde. Au repas que son père donna pour son arrivée à Londres, le jeune lord parut avec un habit brodé fort
agréablement ; il se plaça à table avec les convives distingués
que son père avait réunis, et trouvant tout bonnement qu'il
mangeait sa soupe trop lentement avec sa cuillère, il prit l'as-
siette pour boire le bouillon comme avec une soucoupe, et
versa la totalité de ce qu'elle contenait sur son habit. Quelle
dut être la confusion de son père !

J'espère, mes chères amies, que, parmi cette réunion d'aimables personnes que je chéris également et que je me plais
à former depuis plusieurs années, il ne s'en trouvera pas
d'aussi gauche que le jeune Sthanope, et que vous ne négli-
gerez aucun des usages du monde qui constituent la vraie
politesse.

Je ne puis terminer cette espèce de dissertation, mes chères amies, qu'en vous lisant une de ces conversations que je
vous ai déjà fait connaître, et qui traite de la civilité.

BATILDE. — Oserions-nous bien vous interrompre un moment, pour vous entretenir d'un sujet qui nous paraît bien
important pour le commerce de la vie, et auquel néanmoins
beaucoup de personnes ne font nulle attention?

GERTRUDE. — Il semble que vous craignez de vous expliquer
avec moi. Je crois néanmoins être assez de vos amies pour ne
vous inspirer aucune contrainte. Parlez moi donc sans façon,
si vous voulez m'obliger.

CLOTILDE. — C'est de la civilité dont nous voudrions vous
parler. Ce qui nous fait hésiter, c'est que nous craignons que
vous ne regardiez ce sujet comme trop peu sérieux pour y
donner votre temps.

GERTRUDE. — Permettez-moi à mon tour de vous parler à
cœur ouvert ; vous ne me connaissez pas entièrement. Il est
vrai que je ne prends point plaisir à perdre le temps ; mais ce
sujet est si important, qu'on ne peut guère mieux l'employer
qu'en s'instruisant de ce qui le regarde.

BATILDE — Nous sommes ravies de vous entendre parler

de la sorte : dites-nous donc, s'il vous plaît, en quoi vous faites consister la civilité?

GERTRUDE. — Je la fais consister dans une molestie universelle, qui règle et accompagne en tout temps nos paroles, nos actions, nos regards, nos gestes, notre posture, nos démarches, et tout notre extérieur, en sorte qu'il n'y ait rien en tout cela qui puisse blesser personne.

CLOTILDE. — Nous admirons cette réponse, et nous sommes charmées du portrait que vous faites de la civilité. Permettez-nous, s'il vous plaît, de vous demander s'il est bien facile d'avoir cette modestie, dans laquelle vous la faites consister?

GERTRUDE. — S'il n'est pas facile, du moins il n'est pas impossible. Il n'y a qu'à s'étudier soi-même, et s'observer sur tout ce qui peut dans nos manières extérieures blesser le prochain : il n'y a qu'à s'appliquer à tout ce qui peut l'obliger et lui faire plaisir : en un mot, il n'y a qu'à consulter, sur toute la conduite que nous tenons à son égard, la raison et la vertu, et jamais l'humeur et le caprice.

BATILDE — Quelle différence mettez-vous, s'il vous plaît, entre la civilité qui vient de l'humeur et du caprice, et celle qui vient de la raison et de la vertu?

GERTRUDE. — La voici en deux mots. La première est très-souvent inégale, et l'autre est toujours la même. La première n'a que des moments, et des moments passagers; l'autre se soutient également, en tout temps. La première nous comble aujourd'hui d'honnêteté, et demain elle ne nous regarde pas. Pour l'autre, elle ne sait ce que c'est que de se démentir; on la trouve toujours semblable à elle-même dans tous les temps, dans tous les lieux, et à l'égard de toutes personnes.

CLOTILDE. — C'est cette dernière que nous voudrions bien avoir; ayez la bonté de nous en enseigner les moyens.

GERTRUDE. — S'il ne tient qu'à cela, vous serez bientôt satisfaite. Pour être modeste, vous n'avez qu'à être humble. Si vous êtes humble, vous n'aurez jamais de vous-même des sentiments avantageux ; vous ne vous élèverez au-dessus de personne, et vous ne mettrez personne au-dessous de vous. De cette disposition naîtra un fonds d'estime et de considération pour tout le monde, qui produira au dehors une conduite pleine de déférence et d'honnêteté, ce qui compose la vraie civilité.

BATILDE. — On ne peut donc être civile, sans être humble?

GERTRUDE. — Vous l'avez dit. Sans l'humilité, il n'y a dans la civilité, qu'artifice et dissimulation, qu'affectation et grimace; c'est cette vertu seule qui fait que tout est vrai et sincère dans toutes les démonstrations extérieures de la civilité.

CLOTILDE. — Mais nous n'avions jamais compris que la civilité ne fût autre chose que l'humilité.

GERTRUDE. — Vous avez bien pensé. L'une de ces vertus n'est pas l'autre, mais l'une est le fruit de l'autre, et ordinairement ces vertus sont inséparables l'une de l'autre.

BATILDE. — Il n'y a donc qu'à être humble pour être civile?

GERTRUDE. — Absolument cela pourrait suffire. Il faut néanmoins y joindre la connaissance de certaines bienséances qui se pratiquent dans un temps, dans un âge, dans certains lieux, et à l'égard de certaines personnes, qui ne se pratiquent pas dans un autre temps, dans un autre âge, dans d'autres lieux, et à l'égard d'autres personnes.

CLOTILDE. — Mais est-il aisé de connaître si c'est l'humilité qui produit la civilité, ou si elle vient de quelque autre cause?

GERTRUDE. — Je l'ai déjà dit, cela se connaît par l'uniformité de la conduite. Si on montre toujours de la modestie, si on témoigne toujours de l'honnêteté, si l'on a toujours des manières affables et obligeantes, c'est signe que l'on agit par vertu; mais s'il y a de l'inégalité dans la conduite, si aujourd'hui on est de bonne humeur, agréable et compatissante, et

demain de mauvaise humeur, grossière et rustique, c'est signe qu'on n'agit pas par vertu.

—BATILDE. — Mais, de grâce, ne faut-il observer ces règles
qu'à l'égard des personnes qui sont au-dessus de nous?

GERTRUDE. — Il faut les observer à l'égard de tout le
monde, quoique diversement, selon les diverses personnes;
et comme on ne manque guère à les observer à l'égard des
personnes supérieures, ces règles sont encore plus pour les
personnes qui nous sont égales ou inférieures, parce qu'étant
plus souvent avec elles, on s'observe moins, et il est bien
plus ordinaire d'y manquer.

CLOTILDE. — Nous voilà bien instruites de ce qui regarde
la civilité; nous nous y rendrons plus attentives.

LA GÉOGRAPHIE ET LES PHÉNOMÈNES PHYSIQUES.

Madame Darmières ayant, à l'approche du concours pour
les prix, réuni ses élèves pour leur expliquer quelques principes de géographie, ou plutôt pour résumer d'une façon claire et
précise le cours que le professeur attaché à la pension leur
avait fait durant l'année scolaire, commença en ces termes :
La géographie est l'art de décrire la terre; elle a deux parties, la géographie mathématique et la géographie historique.
La première est la seul qui soit du ressort de la physique ;
l'autre est du domaine de l'histoire.

La géographie mathématique a pour objet de faire connaître
la figure de la terre et sa grandeur, les phénomènes qui résul-
tent de sa position par rapport au soleil, la théorie des longitudes et des latitudes, etc.

Notre globe est composé de terre et d'eau; il est rond
d'orient en occident, et du nord au sud; car il ne faut pas
croire que les montagnes dont il est hérissé, s'opposent à cette
forme : les plus hautes ne nuisent pas plus à sa rondeur que

les petites inégalités d'une orange n'empêchent qu'elle ne soi
ronde.

La terre étant un globe, on y conçoit un axe et deux pôles
autour desquels elle se meut. On y applique aussi les mêmes
cercles que l'on a imaginés pour le ciel, et qui sont représen-
tés dans la sphère armillaire.

Ces cercles sont : l'équateur, le zodiaque, le méridien, l'horizon, les deux tropiques et les deux cercles polaires. L'Équateur, ou la ligne, répond à l'équateur céleste ; tracé à une égale
distance des pôles, il coupe le globe en deux hémisphères,
l'un septentrional et l'autre méridional : on l'appelle encore
cercle équinoxial, parce que quand le soleil paraît arriver à ce
cercle, il y a équinoxe pour tous les habitants de la terre, ceux
des pôles exceptés.

Les peuples qui habitent l'hémisphère septentrional ont les
saisons opposées à celles des peuples qui habitent l'hémisphère méridional; quand ceux-ci ont l'été, les autres ont l'hiver, *et vice versâ*.

Mais vous, ma chère Hortense, qui avez déjà poussé assez
avant vos études en géographie, donnez-nous, je vous prie,
une définition du Zodiaque, de l'horizon et du méridien.

Hortense. — Le Zodiaque est un grand cercle représenté
sur le globe par une ligne appelée *écliptique*. Placé obliquement entre les deux pôles, il touche aux tropiques en deux
points supposés, et fait connaître par les signe dont il est parsemé les différentes saisons de l'année.

L'Horizon partage le globe en deux hémisphères, l'un supérieur et toujours visible, l'autre inférieur et qu'on ne peut
voir; c'est l'horizon rationnel. Il marque le lever et le coucher
des astres, et règle la durée du jour, qui est d'autant plus ou
d'autant moins sur l'horizon de chaque peuple.

Le Méridien passe par les pôles du monde dont il fait deux
parties, l'une oriental et l'autre occidentale, et ne peut être
déterminé que relativement à quelque lieu de la terre. Son
nom lui vient de ce qu'il est midi pour tous ceux qui se trou-

vent sous ce cercle, quand le soleil y est parvenu. Au reste, il y a autant de méridiens que de degrés dans l'équateur; or ce dernier en a 360, chacun de 25 lieues, ce qui donne au globe de la terre 9,000 lieues de circonférence, lorsqu'on multiplie 360 par 25.

C'est sur le grand méridien d'une sphère ou d'un globe que se marque la hauteur ou l'élévation du pôle.

De la différence qui se trouve dans l'élévation du pôle, résulte ce qu'on appelle sphère droite, sphère oblique et sphère parallèle.

La première est celle où l'équateur coupe l'horizon à angles droits, ses pôles étant dans l'horizon même, les peuples qui ont une pareille sphère habitent entre les deux tropiques.

La deuxième est celle où l'équateur tombe obliquement sur l'horizon : c'est la nôtre; elle s'étend pour nous du tropique du cancer au cercle polaire arctique, et nous donne inégalité de jours et inégalité de nuits, excepté dans le temps des équinoxes, vers le 21 mars et le 21 septembre.

La troisième enfin est celle où l'équateur est parallèle à l'horizon ; ses pôles se confondant avec les pôles de celui-ci, les peuples qui l'habitent, les Groënlandais par exemple, ceux du Spitzberg, s'il y en a, ne voient jamais qu'une moitié du ciel, l'autre se trouvant constamment au-dessus de leur horizon; aussi ont-ils un jour d'environ 6 mois et une nuit d'autant.

MADAME DARMIÈRES. — Qu'est-ce que les tropiques dont on cite si souvent la température?

HORTENSE. — Les tropiques sont deux petits cercles éloignés de 23 degrés et demi de l'équateur; l'un s'appelle tropique du Cancer, l'autre tropique du Capricorne, du nom même des constellations auxquelles ils répondent. Leur usage est de marquer la révolution annuelle de la terre, et de désigner sur l'horizon les quatre points collatéraux, l'orient et l'occident d'été, et l'orient et l'occident d'hiver.

Les cercles polaires sont, comme les tropiques, parallèles à l'équateur; ils sont situés à 23 degrés et demi du pôle : l'un est appelé cercle polaire arctique l'autre, cercle polaire antarctique, relativement à leur position même. Ils séparent les zones froides des zones tempérées, comme les tropiques séparent celles-ci de la zone torride.

MADAME DARMIÈRES. — Je suis fort contente de vos définitions, et j'espère que Julie ne sera pas moins heureuse à nous dire ce que sont les longitudes et les latitudes.

JULIE. La longitude est la manière d'évaluer les distances sur le globe d'occident en orient; la latitude indique ces mêmes distances de l'équateur aux pôles. La longitude d'un lieu est marquée sur l'équateur, et la latitude sur le méridien. L'île de Fer, la plus occidentale des Canaries, est le point d'où l'on part ordinairement pour estimer les degrés de longitude, qui sont au nombre de 360. L'équateur est de même le point d'où l'on part pour estimer les degrés de latitudes, dont on ne compte que 90, parce qu'en effet il n'y a que 90 degrés de l'un des pôles à l'équateur. Les cartes de géographie devant être considérées comme des morceaux enlevées de dessus le globe, ses longitudes sont marquées au haut et au bas de ces mêmes cartes, et les latitudes sur les côtés. C'est par les degrés de latitude et de longitude qu'on peut trouver facilement la situation d'une ville sur la carte ou sur le globe. J'ignore, par exemple, où je trouverai, sur l'une ou l'autre, Konisberg; j'ouvre un dictionnaire de géographie, et je trouve : longitude, 39 degrés 10 minutes; latitude, 54 degrés 42 minutes; je suis les traces que m'indique ce renseignement, et je vois Konisberg à l'endroit même où se croisent les deux lignes que j'ai suivies. Je sais de plus que cette ville étant plus éloignée d'environ 6 degrés de l'équateur que Paris, il doit y faire plus froid. Je sais encore qu'étant à 39 degrés 10 minutes du premier méridien, le soleil doit s'y lever plutôt qu'à Paris, qui n'en est qu'à 20 degrés.

On appelle Antipodes les peuples qui ont les jours et les nuits opposés ainsi que l'été et l'hiver; et cela doit être ainsi.

puisqu'ils habitent des points du globe qui sont en effet diamétralement opposés, étant situés, par exemple, les uns dans l'hémisphère septentrional, et les autres dans l'hémisphère méridional, à une latitude égale, mais opposée, et sous des méridiens qui diffèrent de 180 degrés.

MADAME DARMIÈRES. Disons quelques mots maintenant de la géologie, cette science intéressante qui traite d'une multitude d'objets qui peuvent se rapporter, chacun selon la nature particulière, à l'un des quatre éléments : la terre, l'air, l'eau et le feu..

Vous, ma chère Céline, donnez-nous une définition de la terre.

CÉLINE. Les physiciens considèrent la terre sous deux points de vue absolument différents; d'abord comme principe élémentaire des corps, et ensuite comme composée et formant la masse du globe que nous habitons.

Considérée comme principe élémentaire, elle est argileuse et vitrifiable, lorsqu'elle est combinée dans les substances alcalines; elle entre dans la composition du cristal de roche, et de toutes les pierres dures qui étincellent sous les coups de l'acier; et si on l'expose au feu le plus violent, elle en sort sans avoir éprouvé la moindre altération.

Considérée ensuite comme formant la masse du globe que nous habitons, nous ne voyons la terre que comme la Génèse nous la présente au sortir des mains du créateur, une habitation commode au genre humain et propre à ses besoins. Sa surface moins hérissée de montagnes qu'elle ne l'est aujourd'hui, en présentait pourtant un assez grand nombre, que les savants appellent montagnes primitives ou antidiluviennes. Elles étaient, comme elles le sont encore aujourd'hui, les principaux réservoirs des sources qui l'arrosent et la fertilisent. Après le déluge, de nouvelles montagnes furent associées aux premières, pour étendre le même bienfait sur toutes les contrées de la terre qui devaient être habitées par la suite. Elles se sont formées ici par des tremblements de terre, là par quelque éruption de volcan, ailleurs par des débordements de rivière, ou par des ouragants qui accumulèrent en différents endroits des terres, des sables et autres matières qui se sont réunies, durcies, et, pour ainsi dire, cristallisées. Si l'on trouve dans celles-ci, comme dans les autres, des corps étrangers à leur constitution, tels que des coquillages de poissons, des animaux de différentes espèces, c'est qu'ils y ont été apportés par l'impulsion violente des eaux du déluge.

Madame Darmières. — Bien, Céline. Il y a peu de science dans votre définition, mais c'est une preuve nouvelle de votre application au travail et du fruit que vous en avez retiré. Parlez-nous un peu de l'aimant.

Céline. — L'aimant est une pierre minérale, ou plutôt un fer imparfait en poids et en couleur, qui a la double propriété de se tourner toujours du côté nord et d'attirer le fer. On peut communiquer les mêmes vertus à l'acier. Un morceau d'aimant qu'on a garni de fer en devient beaucoup plus fort; et comme cette vertu appelée magnétique peut se transmettre, des lames d'acier auxquelles on l'aurait communiquée par le frottement, feraient un aimant artificiel d'une force encore supérieure. Telle est même cette force qu'elle se communique à travers tous les corps, excepté le fer, pourvu qu'ils n'aient pas trop d'épaisseur.

C'est à cette propriété singulière de l'aimant qu'on doit l'invention de la boussole, qui sert si utilement à diriger la course des vaisseaux, quand un temps nébuleux ne permet point d'observer les astres. Cependant l'aiguille de la meilleure boussole a toujours un défaut auquel on n'a pu encore remédier, c'est de dévier plus ou moins vers l'est ou vers l'ouest. Pour éviter les méprises que cette déviation, qu'on appelle déclinaison de l'aiguille, pourrait occasioner, on a fait des tables qui indiquent les variations de l'aimant.

On ignore encore aujourd'hui la cause de la vertu magnétique, c'est-à-dire de la force attractive de l'aimant.

MADAME DARMIÈRES. — N'auriez-vous rien de curieux à nous dire sur les tremblements de terre et les volcans?

CÉLINE. — De tous les temps notre globe a essuyé de ces violentes secousses appelées tremblements de terre. Partout on trouve des vestiges de ces affreux désastres. Le plus récent après celui de Lisbonne, arrivé en 1756, est le tremblement de terre de la Calabre, en 1783. Quoique la France n'ait point éprouvé, à notre connaissance, de si violentes secousses, nous ne pouvons guère douter que l'Auvergne, le Languedoc, le Vivarais et la Provence n'en aient essuyé de terribles, en voyant cette multitude de volcans éteints dont ces provinces sont couvertes.

On attribuait anciennement la cause de ce terrible fléau à un feu central qu'on supposait faire le noyau du globe, mais il est démontré aujourd'hui qu'elle existe dans ces amas de matières inflammables que le naturaliste découvre dans le creux des montagnes, et dans ces fouilles plus ou moins profondes que la cupidité ou la nécessité font entreprendre. Reste à savoir comment ces matières s'embrasent, et comment elles ont assez d'activité pour produire les plus violents effets.

L'éruption d'un volcan est presque toujours annoncée par des bruits souterrains, semblables à celui du tonnerre; par des sifflements affreux, ou par un déchirement intérieur. Ces convulsions durent jusqu'à ce que les matières embrasées aient acquis assez de force pour s'élancer au dehors. On sait que ce fut dans une éruption du Vésuve, dont la première date de l'an 79 de Jésus-Christ, qu'Herculanum et Pompéia disparurent sous les cendre et la lave que vomit ce volcan.

MADAME DARMIÈRES. — Rosalie, qui est votre émule dans cette partie de nos études, voudra bien nous donner une définition de l'air?

ROSALIE. — L'air est à proprement parler le fluide dans lequel nous exécutons tous nos mouvements, que nous respirons, et qui est nécessaire a la vie. C'est aussi le réservoir de toutes les émanations qui se détachent de la terre, des eaux et des substances animales et végétales.

Ce fluide est généralement connu sous le nom d'air atmosphérique; mais il y en a encore un autre qui s'appelle air principe, ou air fixe.

Malgré les travaux et les recherches des plus habiles physiciens, la nature de l'air atmosphérique est encore un secret impénétrable ; mais ses propriétés essentielles et ses effets nous sont généralement connus. C'est un fluide ; il est diaphane, pesant, élastique, supsceptible de raréfaction, de condensation, et de différents degrés de température.

L'air est tellement fluide, que la plus grande condensation ne peut lui rien ôter de cette qualité qui le rend si facile à diviser, et si propre à s'appliquer sur la surface des corps plongés dans son sein.

Il est diaphane, c'est-à-dire que non-seulement il ne s'oppose point au passage de la lumière, mais qu'il lui sert même de véhicule. Ajoutons qu'il est aussi le véhicule des odeurs et du son.

Il est pesant et élastique, deux qualités qui lui font produire quantité de phénomènes, tel que l'ascension du mercure dans le baromètre, celle de l'eau à la hauteur de 32 pieds dans nos pompes aspirantes, etc.

L'air est encore susceptible de raréfaction et de condensation, et ce double effet vient de la chaleur et du froid. En effet, la chaleur, en lui donnant de l'expansion, augmente son ressort, et lui communique souvent assez d'activité pour lui faire briser ses entraves. Le froid, au contraire, rapproche ses parties, et augmente sa densité.

Entre ces différentes qualités de l'air, la pesanteur et l'élasticité sont celles qui jouent le plus grand rôle dans les divers phénomènes que la physique y observe.

Diverses expériences prouvent incontestablement la pesanteur de l'air; notre professeur s'est contenté d'exécuter

L'Amie.

sous nos yeux celle-ci, qui n'exige aucun appareil de physique.

On prend un verre sur lequel la main puisse s'appliquer exactement, et l'on y fait brûler un morceau de papier; la chaleur dilate et raréfie l'air qui y était contenu. On y applique alors la main et elle y adhère de manière à ne pouvoir l'en tirer que difficilement; l'adhésion croit à mesure que l'air, se refroidissant, perd de son élasticité. Il est évident que ce phénomène vient de la pression de l'air extérieur sur ma main, que celui contenu dans le verre n'a plus la force de repousser.

MADAME DARMIÈRES. — Mais l'air ne s'attire-t-il pas quelquefois?

ROSALIE. — Quoique l'air soit tellement nécessaire à la vie, que tout être expire lorsqu'il en est privé, il aurait cependant les effets les plus funestes si l'on n'avait pas soin de le renouveler souvent; car les miasmes qui s'exhalent du corps l'altèrent au point de lui enlever les qualités qu'il doit avoir pour être respiré. Renfermer un animal sous un vase qui ne lui laisse aucune communication avec l'air extérieur, et vous le verrez périr dans un temps plus ou moins long, suivant la plus ou moins grande capacité du vase. On doit donc éviter de rester longtemps enfermé dans un appartement où il y aurait un grand nombre de personnes, car l'air qu'on y respirerait serait bientôt corrompu par le mélange des haleines et de la transpiration. L'altération serait encore plus prompte si cet appartement était, comme nos salles de spectacles, éclairé par beaucoup de lumières; enfin, elle serait mortelle s'il était échauffé par de la braise et surtout par du charbon.

L'air est encore susceptible de toutes les variations du froid et du chaud, de l'humidité et de la sécheresse, c'est pour être à portée de les observer qu'on a imaginé divers instruments, tels que le thermomètre, le baromètre, et l'hygromètre.

MADAME DARMIÈRES. — A quoi sert le thermomètre?

ROSALIE. — Le Thermomètre sert à indiquer la température

actuelle de l'air. Il est composé d'une boule ou d'un cylindre de verre surmonté d'un tube qu'on remplit d'esprit de vin coloré, et qu'on applique ensuite sur une planche divisée en degrés. Cette graduation est fondée sur deux point fixes, celui de la congélation qu'on appelle zéro, et celui de l'eau bouillante, qui est de 80 degrés au-dessus du zéro. Le thermomètre construit, la chaleur dilate ou alonge la liqueur, et le froid la condense ou la raccourcit.

Le baromètre fait connaître la pesanteur et le ressort de l'air; c'est par là qu'il pronostique le beau et le mauvais temps. On en fait de plusieurs formes ; mais les plus simples et les meilleurs sont ceux qui sont composés d'un tube de trente pouces de longueur, avec sa cuvette ou réservoir rempli de mercure à une certaine hauteur, et appliqué sur une planche portant une échelle divisée par pouces et par lignes. Quand la pesanteur de l'air augmente, celui-ci presse le mercure de la cuvette et fait monter celui du tube. Si la pesanteur de l'air diminue, le mercure de la cuvette étant moins pressé, remonte, et celui qui est dans le tube descend nécessairement.

Les indications du baromètre étant relatives à la situation des lieux où on l'expose, il s'ensuit qu'elles doivent varier avec les lieux mêmes.

Dans une plaine, par exemple, le mercure est plus élevé que sur une montagne, où l'air, qui est plus léger, le presse moins dans le réservoir. De là vient qu'on se sert de cet instrument pour mesurer la hauteur des montagnes, en comptant quatorze toises par ligne.

MADAME DARMIÈRES. — Vous nous avez parlé savamment de l'air, mais le son n'est-il pas un des principaux effets de'ce corps ?

ROSALIE. — Oui, le son est le résultat des mouvements vibratoires des parties insensibles des corps sonores, tels qu'une cloche, un tambour, une flûte, dans l'air qu'ils renferment ou qui les environne. Le son se propage dans l'eau et à travers le bois. Si nous sommes placés sur le bord d'une rivière et qu'un plongeur agite une cloche au fond de l'eau, nous entendrons très-bien le son. Qu'une personne frappe avec la tête d'une épingle l'extrémité d'une grosse et longue poutre, si un autre place son oreille à l'autre extrémité, elle entendra distinctement le son, tandisqu'une troisième, placée dans le milieu, n'entendra absolument rien.

MADAME DARMIÈRES. — Il me semble qu'une partie de votre définition du son pourrait fort bien s'appliquer aux effets du vent.

ROSALIE. — Le vent e.   ne agitation plus ou moins grande de l'air mis en mouvement par quelque cause générale ou particulière, telle que l'action du soleil qui dilate ou condense l'air ; celle de la lune, qui doit agir sur l'atmosphère comme elle agit sur la mer ; les vapeurs qui s'y élèvent et qui en rompent nécessairement l'équilibre ; l'abaissement des nuages et des grosses pluies ; la direction opposé des côtes et des montagnes qui en augmentent ou en affaiblissent l'intensité, etc.

On distingue les vents selon leurs différentes directions. Ceux qui soufflent des quatre points cardinaux s'appellent vent du Nord, vent du Sud, vent d'Est, vent d'Ouest. Ceux qui soufflent entre ces mêmes points sont le vent de Nord-Est, le vent de Nord-Ouest, le vent de Sud-Est et le vent de Sud-Ouest. Il y a de plus les vents alisés, qui soufflent constammemt entre les tropiques, et les moussons, qui ne soufflent que dans certains temps de l'année, ou à certaines heures du jour.

MADAME DARMIÈRES. — Parmi ces phénomènes curieux dont la description nous intéresse vivement dans votre bouche , l'eau ne doit-elle pas naturellement trouver place ?

ROSALIE. — Les physiciens considèrent l'eau sous trois rapports : comme liqueur, comme vapeur, et comme glace.

Considérée comme liqueur, ils l'appellent eau principe ou élémentaire, pour la distinguer de celle dont nous faisons usage. Vue sous le premier rapport, l'eau entre dans la composition de tous les corps, excepté les métaux, dans lesquels on n'en a jamais pu trouver la moindre trace.

Elle ne nous est guère moins indispensable que l'air. Privés de ce fluide, nos humeurs ne tarderaient pas à s'épaissir, et notre sang perdant insensiblement de la fluidité, qui lui est si nécessaire pour circuler dans les vaisseaux, s'épaissirait, s'appauvrirait même au point de nous causer des maladies inflammatoires, qui nous conduiraient infailliblement au tombeau. Vue relativement à l'usage que nous en faisons, c'est, de toutes les boissons, celle qui nous convient le mieux par sa salubrité, et celle aussi dont nous ferions l'usage le plus habituel, si nous ne préférions pas toujours, même dans ce qui intéresse le plus notre santé, l'agréable à l'utile.

L'eau a particulièrement une vertu dissolvante, qui fait que nécessairement elle doit se charger d'une quantité plus ou moins grande des substances qu'elle a mises en dissolution ; c'est ainsi, par exemple, que toutes nos eaux minérales sont mises à des principes étrangers, qui influent plus ou moins sur leur constitution. Il serait donc important de connaître les substances étrangères qui se trouvent, soit en dissolution, soit par interposition, dans les eaux que l'on veut boire, s'il n'était pas très-rare que celles dont nous usons soient malfaisantes ou impotables.

Les eaux potables se distinguent en eaux de pluie, en eaux de sources, et en eaux de mer. Les premières forment les mares, les citernes et le plus grand nombre des lacs. Les secondes donnent naissance aux fontaines, aux puits et aux rivières. Enfin les dernières, quoique renfermées dans ce bassin immense que Dieu leur a creusé, fournissent par leur évaporation continuelle, la matière des précédentes. Celle de ces eaux est peut-être la seule qui soit réellement impotable à cause de sa sature, de son amertume, et d'un dégoût nauséabond qui la caractérise, c'est l'eau de la mer, qui serait si utile et même si précieuse aux marins, s'ils pouvaient en faire leurs boissons. De tous les moyens qu'on a imaginés pour la rendre potable et salubre, le seul qui ait complétement réussi, c'est la distillation.

A l'égard des moyens de connaître si telle eau dont on veut

faire sa boisson est salubre ou non, la nature et l'expérience nous apprennent, sans avoir recours à la chimie, que l'eau où les pois ne cuisent pas, ou ne cuisent que très-difficilement, et celle où le savon au lieu de se dissoudre, se ramasse en grumeaux, ne sont pas saines, qu'elles sont, au contraire, dures et indigestes.

MADAME DARMIÈNES. — J'ajouterai, ma chère Sophie, qu'il y a certaines eaux appelées lapidifiques, qui charrient des sucs assez atténués pour pénétrer les substances ligneuses qu'elles rencontrent dans leur cours, et pour les convertir en des pierres qui portent toujours quelque témoignage irrécusable de leur état primitif. Il serait imprudent, pour ne rien dire de plus, d'en boire habituellement. C'est à de pareilles eaux qu'on doit ces stalactites plus ou moins admirables que l'on voit suspendus aux voûtes de certaines grottes ou cavernes, à travers lesquelles elles se filtrent.

Mais ne dirons-nous rien de la vapeur, dont on s'occupe tant en ce moment. Amélie ne pourrait-elle nous donner quelques notions à cet égard ?

AMÉLIE — Parvenue à l'état d'ébullition, l'eau se trouve avoir acquis une chaleur de 80 degrés, qu'un plus grand feu ou une longue ébullition n'accroîtraient pas.

Telle est l'expansion presque incroyable de l'eau réduite en vapeur, qu'elle est capable des plus grands efforts. Aussi a-t-on su en tirer un très-grand parti dans la construction des pompes à feu, dont on doit la première idée à un médecin français nommé Papin.

C'est avec le secours puissant de la vapeur que l'on est parvenu à mettre en mouvement des machines qui n'eussent pu être mues que par des chutes d'eau considérables ou un très-grand nombre de chevaux. L'application la plus ordinaire et la plus brillante de la vapeur est celle faite à la navigation, et nous en voyons, chaque jour, de la terrasse, un exemple dans les huit bateaux à vapeur qui parcourent la Seine et transportent les voyageurs à Saint-Cloud, à Corbeil, à Melun, à Montereau. La marine, même celle de guerre, a adopté la vapeur comme force motrice, et en retire les plus grands avantages.

MADAME DARMIÈRES. — Quel est l'effet du froid sur l'eau ?

AMÉLIE. — La force expansive de l'eau dans l'état de glace, ne le cède guère à celle de l'eau réduite en vapeur. Quand la gelée est très forte, la sève des arbres les plus durs, celle du chêne par exemple, se dilate au point de les fendre dans toute leur longueur. On a vu de grosses poutres humides, saisies par un froid rigoureux, se fendre avec une explosion terrible.

Ce n'est peut être pas un phénomène moins singulier que la résistance et la solidité de la glace parvenue à une certaine épaisseur ; sans parler des rivières dont elle facilite le passage aux voitures mêmes, dans le temps d'une très forte gelée, on fit à Pétersbourg, il y a trois ans, un palais de glace ; sur le devant on plaça six canons aussi de glace, qu'on avait fait sur le tour, et du calibre de ceux qui portent trois livres de poudre. Ils furent chargés avec des boulets de fonte, dont l'un perça une planche de deux pouces d'épaisseur, à la distance de soixante pas, sans que la pièce fût endommagée.

MADAME DARMIÈRES — Comment se fait-il qu'un fluide tel que l'eau devienne un corps solide?

AMÉLIE. — C'est par la retraite de la matière ignée qui la tenait seule dans cet état de fluidité que nous lui voyons ; en effet, tant que cette matière reste interposée entre les molécules de l'eau, elles les écarte les unes des autres, et entretient leur mobilité respective ; mais dès qu'elle s'en échappe, l'attraction de ces molécules entre elles reprenant toute sa force, elles se rapprochent, s'unissent et d'un liquide elles en font un solide.

La fabrique des glaces artificielles renouvelle tous les jours ce phénomène dans nos cafés. Nous avons vu, à la fête même de madame, le glacier, pour rendre solide ses liqueurs, les mettre dans un vase fort mince, puis les plonger dans un mélange de glace pilée avec une certaine quantité de sel ou de

salpêtre, qui la rendait beaucoup plus froide, en ce qu'il la
dépouillait d'une certaine quantité de matière ignée qu'elle re-
célait encore,

MADAME DANMIÈRES. — Voilà une série de définitions qui
vous sera profitable, sans doute, mes chères élèves ; si j'ai in-
sisté sur ces diverses parties d'une science un peu élevée, ce
n'est pas assurément que je veuille faire de vous des savantes ;
mais il est de ces notions premières qu'il serait honteux
d'ignorer, car on peut être chaque jour dans le cas de répondre
à une question qui s'y rattache, ou de faire soi-même, par leur
application, une observation utile. Mais cette leçon a été un
peu aride, mes chers enfants, et pour la terminer par un enseignement plus agréable, je vais vous faire part des vues
d'une femme qui a consacré toute sa vie à l'instruction d'Ecouen,
qui va parler des besoins de plaire et du désir d'être heureuse.
Sa douce morale fera, je n'en doute pas, une vive impression
sur vos esprits attentifs.

Deux idées, ou plutôt deux sentiments s'emparent du cœur
des femmes dès leur plus tendre jeunesse, le besoin de plaire
et le désir d'être heureuses. La plupart d'entre elles manquent
l'un et l'autre but, uniquement pour avoir manqué de lumières sur les moyens d'y parvenir. Celle-ci croit tout charmer
par une pétulance qu'elle prend pour de la vivacité, tandis
qu'elle ne fait que fatiguer ses amies et qu'elle leur devient im-
portune. Une autre croit fermement intéresser par une indolence et des airs de langueur qui ne font naître auprès d'elle que
l'ennui. Celle qui possède des talents croit en doubler le prix
en exigeant mille instances, mille prières de ceux qui veulent
applaudir au son de sa voix, à son exécution brillante. D'autres,
uniquement occupées de leurs charmes, croient en augmenter
la puissance par une recherche et une coquetterie qui ne peuvent qu'y nuire, et qu'un faux désir de plaire fait porter trop
souvent jusqu'à l'oubli des lois de la décence : elles ignorent
qu'il n'y a point de formes aimables qui ne demandent à être
voilées, et que la beauté même reçoit de la pudeur son attrait

lo plus séduisant. Il est vrai que la mode, toujours dirigée par les personnes les moins réfléchies, conduit souvent à des travers qu'on ne peut concevoir lorsque son influence passagère n'existe plus ; mais les femmes les plus sages sont celles qui ne la suivent jamais que de loin ; et dans quelle circonstance est-il plus permis de méconnaître son empire que lorsqu' elle ose violer les lois de la décence? D'autres personnes encore seraient charmées de plaire, car ce besoin est général ; mais, entraînées par une paresse qui tient à la nature de leur tempérament, elles dédaignent les moindres frais pour attirer les cœurs à elles, et se réveillent de temps en temps de cette espèce de léthargie pour s'étonner de ne les avoir point charmés. Elles se plaignent de l'injustice de la société, sans savoir que son commerce est semblable à tous ceux qui sont fondés sur des échanges et que l'on rend dans le monde bienveillance pour bienveillance, égards pour égards, politesse pour politesse.

. M. de Monterif a écrit sur l'art et les moyens de plaire ; une seule de ses phrases vaut tout son livre, et c'est celle-ci « Le » moyen le plus sûr de plaire est l'oubli constant et pres- » que total de soi-même pour ne s'occuper que des au- » tres.»

Les moyens de réussir dans le monde se composent donc d'une bienveillance, d'une indulgence qui dénotent la bonté de l'âme, et d'une attention scrupuleuse à remplir tous les devoirs de la société. Une jeune femme à laquelle on trouve vraiment de l'esprit et de l'instruction sans qu'elle ait cherché à le faire remarquer, de l'agrément dans ses manières sans affectation, du goût dans sa parure sans coquetterie et surtout sans indécence, de la gaieté sans étourderie, du calme sans indolence, des talents sans prétentions, me paraît un être vraiment enchanteur, un modèle auquel on doit essayer de ressembler.

Une jeune femme bien pénétrée de tous ces principes, en paraissant dans le monde, est presque sûre du succès le plus

6.

complet, Qu'elle y joigne surtout un grand respect pour la vieillesse, une attention recherchée pour les femmes âgées dont le cœur est presque généralement ulcéré d'avoir vu passer si rapidement les brillantes années de la jeunesse et dont le suffrage est entraînant lorsqu'il est favorable à celles qui les remplacent sur le théâtre du monde. Que les attentions nécessaires pour plaire ne s'adressent jamais aux jeunes gens ; qu'une femme ait soin d'éloigner de ses pas la foule de ces dangereux adorateurs ; ils l'en admireront davantage, et j'ose assurer la jeune personne qui suivra religieusement ces conseils, que son triomphe sera durable, et qu'elle réunira l'estime générale au bonheur de plaire.

L'estime de nos contemporains est une base nécessaire au bonheur de la vie; l'estime de nous-mêmes est encore plus indispensable. Quelques femmes ont pu tromper la société par des vertus apparentes, mais elles n'ont pu se tromper elles-mêmes, et ce témoin continuel de la conscience ne laisse de valeur réelle à l'estime publique qu'autant qu'on la mérite en effet. Pour que les autres soient contents de nous, commençons donc par l'être nous-mêmes, dans toutes nos actions secrètes ou connues, soyons nos juges les plus sévères, alors nous en aurons peu à redouter.

Pour goûter ce bonheur auquel tous les hommes aspirent également, il faut avoir la paix de l'âme; mais on peut être honnête, vertueuse, et s'égarer encore dans les moyens de parvenir au bonheur.

Ne le cherchez pas dans le plaisir et le bruit; ils fatiguent l'âme et ne peuvent la satisfaire; ils éloignent du goût des plaisirs simples qui se renouvellent sans cesse comme la nature et avec elle ; ils deviennent habitudes; ils cessent d'être plaisirs, et si vous voyez dans les bals, dans les spectacles, aux concerts, dans les assemblées nombreuses, tant de gens qui s'étonnent de n'y plus trouver le bonheur, c'est qu'ils ont détruit ce bonheur par la satiété.

N'espérez pas le trouver dans la puissance et la richesse, à moins que vous ne soyez constamment occupées du soin

d'employer l'un et l'autre au profit des opprimés et des malheureux. La satiété sur les jouissances que donne la fortune
arrive si promptement, qu'il vous faut, mes chères amies,
une confiance entière en mon expérience pour concevoir à
quel point ses prestiges enchanteurs sont de peu de durée;
mais, vous le savez, j'ai passé ma vie près de ces êtres que
l'on regarde comme fortunés, j'ai vu leurs goûts et leurs désirs flétris dès l'enfance. Lorsqu'on peut avoir tout ce que l'on
désire, on finit bien vite par ne plus rien désirer; et je me
souviens d'avoir été touchée jusqu'aux larmes de cette satiété
précoce dans le dauphin, premier fils du roi Louis XVI, qui,
dès l'âge de quatre ans, avait usé tous les plaisirs de son
âge. Je ne puis m'empêcher de placer ici la scène qui frappa
si vivement mon esprit. Le jour de l'an approchait, la reine
voulut donner des étrennes à son fils; les boutiques de jouets
de Paris furent épuisées pour mettre sous les yeux du jeune
prince tout ce qui pouvait convenir à ses goûts; des tables
furent dressées tout autour d'une des plus grandes pièces de
l'appartement, et, lorsque tout fut préparé, on vint avertir la
reine; elle prit le jeune prince par la main, et sortit de ses
cabinets en l'invitant à choisir tout ce qui pourrait lui plaire.
Je la suivis, prenant de même avec moi mon Henri qui, dans
le moment, était à jouer avec le dauphin; nous fîmes le tour
de l'appartement, et je fus moi-même enchantée de la quantité de mécani ues ingénieuses que le marchand faisait mou-
voir à nos yeux : ici se trouvaient des vendangeurs déchar-
geant des paniers de raisins et les versant dans une cuve, où
de petites figures parfaitement imitées foulaient les grappes;
là, des dames russes faisaient une partie de traîneaux sur une
glace unie que les petites voitures traversaient avec une
grâce parfaite; plus loin, des maréchaux battant le fer, un
chasseur tirant un lièvre qui s'enfuyait à travers les blés.
Vingt autres mécaniques ingénieuses se trouvaient réunies
sous nos yeux; de jolis meubles en bois d'acajou, des chevaux tout enharnachés, des polichinels éclatant d'or et de
fausses pierreries, et faisant les plus drôles de figures du

monde. La reine demandait à son fils, en s'arrêtant à chaque objet : Voulez-vous cela, mon ami? L'enfant, dont les traits ne montraient aucune émotion, répondait avec langueur : Je l'ai déjà eu. — Et ceci? — Je l'ai eu aussi. — Et ce beau polichinel? — J'en ai cassé trois, je n'en veux plus. — Et ce cheval? — J'en ai encore un. Enfin on fit le tour de la pièce sans trouver un seul objet qui pût le séduire. Déjà la grande richesse avait épuisé les goûts de son âge; pendant ce temps mon fils sautait de joie et de surprise à chaque objet nouveau. Il me serrait la main, m'indiquait tout bas ce qui lui faisait le plus de plaisir, et son agitation formait un contraste parfait avec l'attitude ennuyée du jeune prince. La reine fit présent à mon fils de quelques objets qui lui procurèrent un plaisir si vif, qu'il fallut, le soir, les établir sur son lit, tant il craignait d'être séparé de son trésor : elle rentra ensuite dans ses cabinets sans avoir pu rien offrir au jeune prince. Le marchand disait en emballant toutes ses belles mécaniques : Il est bien douloureux d'avoir étalé pour trois cents louis d'objets charmants, sans en avoir trouvé un seul qui ait pu plaire à monseigneur.

Monseigneur était sûrement encore plus à plaindre que lui; et vous devez en être convaincues. Cette satiété affligeante gagne de même les autres âges de la vie; le premier rang de diamants que possède une femme riche lui fait sûrement éprouver un grand plaisir ; le second ne flatte plus que sa vanité. Si les parures magnifiques se multiplient, elles fatiguent ses yeux, finissent par garnir un écrin qui voit rarement le jour, et ne sont plus qu'un trésor embarrassant à soustraire ainsi que l'or à la vue de gens qui pourraient s'en saisir. Donnez un rang de corail ou d'ambre à la jeune personne dont les goûts ne sont point usés par la richesse et le faste, et vous verrez combien son plaisir sera vif et pur. Les grandes richesses sont donc une sorte d'infortune, et ce n'est sûrement pas dans leur possession que nous devons chercher le bonheur. La bienfaisance, à la vérité, vient soulager les gens puissamment riches et paraît comme un remède aux maux qui les affligent ; mais il faut savoir être bienfaisant ; c'est une étude, un travail, qui fatigue ordinairement ceux qui possèdent beaucoup ; ils donnent l'or sans discernement et s'affligent d'avoir secouru le vice qui s'était déguisé sous l'extérieur touchant de la vertu, d'avoir soutenu la paresse au lieu de l'infortune. Constamment trompés dans leurs actes de bienfaisance, ils rencontrent rarement la douceur du bienfait ; et quoique la reconnaissance ne doive jamais être le but de celui qui oblige, il est pourtant douloureux de rencontrer souvent des ingrats ; ils nous font voir l'humanité sous un aspect trop affligeant. C'est donc, quant aux plaisirs, loin de ceux qui fatiguent et énervent les sens, que nous placerons le bonheur ; et quant à la fortune, dans l'aisance honnête et loin de la possession des trésors. Mais ce bonheur auquel nous aspirons, n'existe réellement nulle part ; et c'est une chimère de le chercher en quelque sorte comme un être animé ; il se compose de la réunion des qualités de l'esprit et du cœur ; il est dans la sagesse et la modération des désirs ; il est dans l'emploi utile et varié de notre temps ; il est dans la bienveillance qui éloigne l'envie et nous fait jouir du bonheur de nos parents et de nos amis ; il est dans l'économie qui conserve l'aisance et éloigne la misère ; il est dans la tempérance qui conserve au corps sa vigueur et sa force, à l'imagination sa fraîcheur, à l'esprit sa vivacité ; il est enfin dans une courageuse résignation qui conduit à supporter les revers ou les pertes que le sort a voulu faire tomber sur nous. En recherchant tout ce qui peut le composer, convenez, mes chères amies, que les gens sages et éclairés qui se dévouent à l'éducation de la jeunesse ne travaillent uniquement qu'à vous rendre heureuses.

En vous engageant à la persévérance dans le travail, ils vous assurent des moyens d'employer tous vos moments et d'éloigner de vous l'ennui, fléau si cruel qu'il peut amener jusqu'à la perte de la santé, et qu'il détruit inévitablement toutes les qualités aimables. Ils vous garantissent de l'oisiveté, autre fléau que les sages de tous les siècles ont considéré comme la mère et la compagne du vice; vous devrez, aux talents qu'on vous donne, des moyens légitimes de plaire; en vous accoutumant, jeunes encore, au soin, à l'ordre, à l'économie, on vous assure les moyens de conserver le peu de fortune que vous possédez, et d'éloigner de votre famille et de vous la gêne et la misère. Enfin, en dirigeant vos jeunes cœurs vers l'amour et la pratique de toutes les vertus, on vous conduit avec soin et avec une tendresse éclairée à la jouissance de ce bonheur auquel tous les hommes aspirent, et qu'ils croient trouver en suivant l'impulsion de leurs passions, tandis que chaque jour ils s'en éloignent davantage. Chérissez donc les conseils de vos parents et de ceux qui se consacrent à votre éducation : écoutez-les avec confiance, respect et tendresse; ils ont fait avant vous le voyage de la vie; ils connaissent les sentiers difficiles, les chemins raboteux, les précipices, les piéges couverts de fleurs que les faux plaisirs et les vices viendront exprès placer sous vos pas; écoutez donc vos guides avec le désir sincère de profiter de leurs avis. Nous naissons tous sans expérience, et le monde, quelque vieux qu'il soit, vous en conviendrez, mes enfants, n'a qu'un jour pour le petit être qui sort du sein de sa mère, et qui, les yeux encore fermés, est placé dans son berceau. Vous connaissez les merveilles de la nature, vous distinguez les ombres du soir et les clartés du matin ; mais à peine dans trois ans, cet enfant dont je vous parle commencera-t-il à les distinguer; il va apprendre avec peine chaque mot de cette langue que vous parlez avec tant de facilité; jugez la supériorité que quinze années d'existence vous ont déjà donnée sur ce jeune enfant; et si vos esprits sont dirigés vers la justesse des raisonnements, vous sentirez quelle doit être la supériorité de l'expérience des gens qui ont vécu quarante ou cinquante ans avant vous. L'expérience, c'est une qualité qui s'acquiert chaque jour; pour en avoir beaucoup, il suffit d'avoir beaucoup vu, et de posséder de la mémoire et du jugement; l'esprit en est tout à fait distinct : se développant de lui-même, et précédant l'expérience, il ne peut souvent se garantir des fautes les plus graves. Il est donc aisé de conclure que la sagesse et la prudence de la jeunesse ne peuvent se composer que de sa docilité à écouter, à suivre les avis de ceux qui sont venus longtemps avant elle dans le monde pour acquérir de l'expérience, et leur en transmettre les résultats et les leçons : vous devez aussi juger parfaitement, d'après cette espèce de conversation morale, que l'obéissance et la soumission doivent être les deux qualités indispensables pour obtenir des succès pendant le temps de l'éducation, et qu'il faut souvent faire une chose sur la seule invitation de vos instituteurs, puisque plusieurs années se passeront encore avant que l'utilité vous en soit démontrée.

L'ÉTUDE DE LA MYTHOLOGIE.

Madame Darmières s'était réservé à elle-même le soin de faire la classe en ce qui se rapportait à la mythologie, et malgré l'attention scrupuleuse qu'elle apportait à imprimer une direction judicieuse aux idées de ses écolières, elle avait, à plusieurs reprises, remarqué l'étonnement que plusieurs ne pouvaient s'empêcher de manifester en entendant parler un langage qui, s'il n'eût pas été expliqué, pouvait leur donner de fausses idées, et sur les sciences de la nature, et sur les principes moraux et religieux.

La bonne institutrice s'empressa d'éloigner de leurs cœurs l'impression qui y avait trouvé place, en leur dévoilant ce qui avait donné lieu aux fictions inventées par les poètes.

La Fable, leur dit-elle, est, dans son origine, un recueil bizarre des événements arrivés dans ces temps obscurs de l'idolâtrie. Les faits qui servent de fondement à la Mythologie ne sont point, pour cela, des contes inventés à plaisir, mais ce sont d'anciennes histoires faites sur les héros. Comme une bonne partie de ces faits prennent leur source dans les traditions des premiers temps, les fables se trouvent mêlées avec la religion, quoiqu'elle y soit entièrement défigurée.

La fable est une suite nécessaire de l'idolâtrie, qui doit sa naissance à quatre causes : l'ignorance, la crainte, la corruption et la vanité. La connaissance du vrai Dieu, dans ces temps de ténèbres, s'étant insensiblement effacée de l'esprit des hommes, ils tournèrent leurs adorations vers des objets sensibles. Ainsi les peuples aveuglés adoraient celui qui s'était rendu célèbre par une action éclatante, et oubliaient ainsi le culte qu'ils devaient rendre au seul et véritable Dieu, en créant des chimères qui flattaient leur imagination.

Les poètes, voyant que la fiction était l'âme de leur art, s'avisèrent ensuite d'embellir tous les faits historiques par des circonstances surnaturelles. La connaissance de la Mythologie entre pour beaucoup dans l'éducation des jeunes gens, qui peuvent en retirer plusieurs avantages considérables. Elle leur fait voir dans quelles ténèbres étaient plongées presque toutes les nations, et jusqu'où l'erreur conduit l'homme quand il ne suit que ses propres lumières. Ensuite les ouvrages qui ornent les maisons des rois et les monuments publics, riches en sculpture et en peinture, seraient, la plupart du temps, de véritables énigmes, si on n'était instruit par cette science des sujets qu'ils représentent. Nous ajouterons à cela le sens moral que nous offre la Fable. Les aventures de Phaéton et d'Icare nous font connaître les suites funestes de l'ambition. L'histoire de Tentale et celle des Harpies peuvent s'appliquer aux avares. La métamorphose de Narcisse représente facilement ceux qui, par une folle vanité, n'aiment qu'eux-mêmes. Il est aisé de connaître les remords d'une mauvaise conscience dans les Furies qui tourmentaient Oreste, et dans le vautour qui rongeait le foie de Prométhée. L'équipage de Persée, qui est monté sur le cheval de Pégase, et qui porte en main un miroir, nous fait entendre que la diligence et la sagesse sont nécessaires pour réussir dans toutes les entreprises.

Je sais qu'il est absolument essentiel d'éclairer la jeunesse sur la bizarrerie des dieux dont parle la Fable, avant d'entre-

prendre de faire connaître leurs noms et leurs divers attributs.
Aussi ai-je soin de vous faire observer qu'il suffirait d'examiner l'idée que les poètes nous donnent de leurs dieux, pour se
convaincre de leur ridicule majesté. Ils nous les représentent
boiteux, aveugles, réduits à un état de misère et de faiblesse,
se battant les uns contre les autres; aussi plusieurs des grands
hommes de l'antiquité regardaient toutes ces divinités comme
des chimères, et leur culte comme des superstitions.

Socrate paya cher la liberté avec laquelle il exprima ses sentiments et le mépris qu'il avait pour ces dieux.

Cicéron s'en moque ouvertement, soit quand il raille les
augures, soit dans ses livres sur la nature des dieux, qui,
pour cette raison, furent condamnés, tant était grand l'aveu-
glement de ces peuples anciens.

J'espère, mes chers enfants, vous en avoir dit assez sur ce
sujet pour vous empêcher de tomber dans aucune erreur fa-
tale et contraire à la religion véritable. Et maintenant que je
vous ai donné ces simples explications que je croyais nécessaires, passons à un examen rapide des principaux points de
la Mythologie !

La Mythologie est l'histoire fabuleuse des divinités du paganisme. Fille de l'erreur et de la poésie, elle n'offre qu'un tissu
d'imaginations bizarres, de faits parfois vrais dans le fond,
mais toujours sans chronologie, sans ordre, et souvent même
répétés sous différents noms. C'est enfin un assemblage de
faits qui, pour la plupart, ne doivent leur mérite qu'au talent
du poète qui, en les créant, sut leur prêter les plus séduisan-
tes couleurs. Mais comme elle est le ressort principal et quelquefois même la base des plus beaux ouvrages en vers, tant
anciens que modernes, que d'ailleurs la peinture et la
sculpture lui doivent en partie leurs chefs-d'œuvre, il est
presque impossible aujourd'hui de lire les uns et de voir les
autres avec intérêt, de passer même pour un homme instruit,
quelques connaissances qu'on ait d'ailleurs, si l'on n'a pas au
moins une légère idée de toutes ces chimères, que la crainte
fit prendre jadis à certains peuples pour la réalité; mais que

les sages et ceux que la naissance ou l'éducation élevait au-
dessus du vulgaire, traitaient, dans le fond du cœur, avec
mépris.

On regarde communément l'Egypte et la Phénicie comme le
berceau de la Fable. Des colonies de cette dernière l'ayant
portée en Grèce, elle y fut bientôt embellie et augmentée par
l'imagination riante et féconte d'Homère et d'Hésiode : on y
éleva même des temples et on offrit des victimes à des dieux
dont la plupart devaient leur existence à ces deux poètes.
L'idolâtrie ainsi établie chez les Grecs, passa aux Romains,
qui la portèrent, avec leur puissance, jusqu'aux extrémités
du monde ; et pour imprimer au peuple qu'ils avaient soumis
plus de vénération pour leur culte, ils y mêlèrent celui de leurs
divinités.

La théologie païenne distinguait quatre ordre des dieux.

Ceux du premier ordre étaient appelés *dieux suprêmes* : on
en comptait vingt, qui étaient connus et révérés de toutes les
nations.

Ceux du second ordre habitaient la terre, la mer, et les enfers ; c'était, au rapport d'Ovide, des divinités qui, pour la
plupart, dépendaient même des premiers.

Ceux du troisième ordre étaient des demi-dieux, ainsi appelés parce qu'ils tiraient leur origine d'un dieu et d'une mortelle, ou d'un mortel et d'une déesse. De ce nombre étaient
encore les héros à qui de grandes actions avaient mérité les
honneurs de l'apothéose.

Enfin ceux du quatrième ordre, qui comprenait les vertus
et les vices.

Je prierai Célénie de nous parler d'abord succinctement des
dieux du premier ordre?

CÉLÉNIE. — Les dieux du premier ordre forment naturellement deux classes : la première est celle des divinités du ciel,
et la seconde celle des divinités des enfers.

Le Chaos, dans la théologie païenne, était regardé comme

le plus ancien des dieux ; il présida à cette masse informe de laquelle tout a été créé.

Alors parut le Destin, divinité qui reçut en naissant un pouvoir absolu sur l'univers, et sur les dieux mêmes. Il s'appelait *Fatum*. On le représentait ayant sous ses pieds le globe de la terre, et dans ses mains un livre où la destinée des hommes était écrite. Il habite, disent le poètes, un temple fermé par cent portes d'airain

C'est là que les dieux et Jupiter même allaient consulter les oracles du Destin.

Les mythologues (c'est ainsi qu'on appelle ceux qui ont écrit sur la Fable) parlent d'un dieu et d'une déesse aussi anciens que le Chaos même, et dont la naissance remonte tout au moins à la création des choses : c'était le *Ciel*, et *Vesta*, divinité qui présidait au feu. Ils eurent deux fils, Titan et Saturne : ce dernier s'appelait encore le Temps. Les poètes nous le représentent sous la figure d'un vieillard, avec des ailes, une faux et un aviron, attributs propres à marquer la rapidité et la vicissitude du temps, qui détruit tout. Saturne, appréhendant que son père n'eût de Vesta d'autres héritiers de l'empire du monde que lui et son frère, lui porta un coup de faux, et occasiona, dit-on, par cet attentat, la naissance de Vénus , qui fut formée de l'écume de la mer et du sang de Cœlus, qui s'y était mêlé. Impatient de régner, il acheta de Titan son droit d'aînesse, que celui-ci ne lui céda qu'à condition qu'il n'élèverait aucun enfant mâle : mais Rhée, ou Cybèle, femme de Saturne, à qui un pareil traité était odieux, étant un jour accouchée d'une fille et d'un garçon, elle ne montra à Saturne que la première, appelée Junon, et fit secrètement élever l'autre sous le nom de Jupiter. La même adresse lui réussit encore pour Neptune et Pluton, que nous verrons bientôt se partager l'empire du monde. La naissance de Jupiter ne put être si secrète, qu'elle ne parvînt enfin aux oreilles de Titan : indigné de voir qu'on manquât ainsi à la foi des traités, il arma contre son frère, et le fit prisonnier. Jupiter, devenu grand, remit Saturne sur le trône, d'où il le chassa peu de

temps après, parce que celui-ci, ayant lu dans le livre du
Destin que son fils envahirait un jour ses états, lui avait dressé
des embûches où il comptait le faire périr. Saturne se sauva
en Italie avec Cybèle; Janus, roi de cette contrée, les reçut
avec empressement, et le dieu lui enseigna, par reconnaissance, à cultiver la terre et à policer ses peuples; on dit même
qu'il lui donna encore le talent de connaître l'avenir, et de ne
point oublier le passé : c'est pourquoi on le représente avec
deux visages, et quelquefois même avec quatre.

Cybèle, fille du ciel et de la terre, épousa Saturne, qu'elle
suivit dans son exil. On la représentait avec une couronne
composée de tours, une clef à la main, et un habit parsemé de
fleurs, assise enfin sur un char traîné par des lions. Le pin lui
était consacré, parce qu'elle avait changé en cet arbre le jeune
Atys, qu'elle aimait avec passion, et qui l'avait sacrifiée à la
nymphe Sangaride. On lui offrait en sacrifice un taureau, une
chèvre ou une truie. Ses fêtes se célébraient au son des tam-
bours, dans un temple d'où les hommes étaient exclus. Ses
prêtres, appelés Corybantes, Curètes ou Dactyles, portaient
sa statue par les rues et les places publiques; ils dansaient à
l'entour avec des contorsions dans lesquelles ils se déchiraient
même à coups d'épée, pour tirer quelque argent du peuple. A
Rome on lui avait consacré, sous le nom de *Vesta*, un feu per-
pétuel, dont l'entretien était confié à de jeunes vierges, qu'on
appelait *Vestales*. S'il s'éteignait par la faute de l'une d'elles,
on ne pouvait le rallumer qu'avec le feu des rayons du soleil,
et la coupable était condamnée à être enterrée vive. La plupart des historiens prétendent que ce supplice n'avait lieu que
pour celles qui manquaient au vœu qu'elles avaient fait de
garder leur virginité pendant les vingt années que durait leur
sacerdoce. Au reste, on prenait les Vestales dans les meilleures familles, et elles jouissaient à Rome de la plus grande
considération.

Cérès, fille de Saturne et de Cybèle, présidait à l'agriculture, quelle avait elle-même enseignée aux hommes dans le
cours de ses voyages avec Bacchus. Pluton lui ayant enlevé sa

fille Proserpine, elle alluma deux flambeaux sur le mont Etna, pour la chercher de nuit comme de jour. Ce fut la nymphe Aréthuse qui lui apprit où elle était. Aussitôt elle descendit aux enfers ; mais Proserpine, déjà accoutumée au sombre empire de Pluton, que toutes les filles avaient auparavant refusé pour époux, ne voulut point en sortir. Cependant Jupiter, sensible à la peine de Cybèle, promit qu'elle lui serait rendue si elle n'avait rien mangé depuis son arrivée aux enfers. Ascalaphe, interrogé, déposa qu'elle avait cueilli une grenade, dont elle avait mangé sept grains. Ce malheureux paya cher son indiscrétion ; la déesse le métamorphosa en hibou. Cérès obtint pourtant de Jupiter que sa fille demeurerait six mois avec elle dans le ciel, et autant avec Pluton dans les enfers. Les fêtes de cette déesse s'appelaient *Ambarvalies*, à cause des processions qu'on faisait dans les champs pour obtenir d'elle une abondante récolte. On la représentait tenant une faucille d'une main, de l'autre une poignée d'épis et de pavots, et toute couverte de mamelles, pour désigner sans doute, la fécondité de la terre. Ceux qui révélaient ou même qui troublaient ses mystères étaient punis de mort.

Jupiter était, comme on l'a vu, fils de Saturne et de Rhée. Celle-ci lui sauva la vie en le faisant élever dans l'île de Crète par les Corybantes et par les nymphes, à qui il donna dans la suite, pour récompense, une des cornes de la chèvre Amalthée qui l'avait nourri: c'est ce qu'on appela la *Corne d'abondance*. Quand il se vit en état de porter les armes, il remit son père sur le trône d'où Titan l'avait fait descendre, et ne tarda pas à s'y placer lui-même. Il épousa ensuite Junon, et partagea les états de son père avec ses deux frères, Neptune et Pluton. Le premier eut l'empire de la mer, et le second celui des enfers. Pour lui, il garda le ciel, avec un droit sur tout l'univers. Ce dieu songeait à peupler la terre d'habitants, lorsqu'il se vit obligé de foudroyer les Titans, qui avaient entrepris de remettre leur père sur le trône. C'était des géants qui, pour escalader le ciel, entassaient montagnes sur montagnes. Briarée, leur chef, avait cent bras et cinquante têtes. A la vue de ces préparatifs, tous les dieux, excepté Bacchus, avaient quitté le ciel et s'étaient retirés en Egypte ; ils revinrent quand la paix fut rétablie, et Jupiter s'occupa alors du soin de créer des hommes. Mais il se vit encore obligé d'apaiser les murmures des dieux, qui, mécontents qu'il s'attribuât ce droit à lui seul, firent faire à Vulcain une femme qu'on appela *Pandore*, parce que chacun, pour la rendre parfaite, lui fit son présent. Jupiter voulut aussi lui en faire un : c'était une boîte, dans laquelle il avait renfermé tous les maux qui peuvent affliger l'homme pendant sa vie. Pandore l'ouvrit, et ces maux se répandirent en foule sur la terre ; l'espérance, le seul bien que renfermât cette boîte emblématique, resta au fond.

Prométhée, voulant imiter aussi les dieux, eut l'audace de monter au ciel, et de prendre du feu au char du soleil pour animer quelques statues d'argile ; mais Jupiter le fit attacher par Vulcain sur le mont Caucase, où un aigle mangeait son fois à mesure qu'il renaissait. Quelque temps après, la méchanceté des hommes étant parvenue à son comble, le souverain des dieux les fit périr tous par un déluge universel. Deucalion, fils de ce même Prométhée, et Pyrrha, sa femme, échappèrent seuls au naufrage. Mais quand les eaux furent retirées, ils renouvelèrent l'espèce humaine, Deucalion les hommes, et Pyrrha les femmes, en jetant, par le conseil de Thémis, des pierres derrière eux par-dessus leur tête.

Comme maître absolu des dieux et des hommes, il était représenté la foudre à la main et monté sur un aigle. Le chêne lui était consacré. Il avait en tous lieux des temples magnifiques, et ses surnoms variaient suivant les lieux où il était adoré. On l'appelait particulièrement Olympien.

Junon, épouse de Jupiter, devait, comme lui, la naissance à Saturne et à Rhée. Souveraine des dieux, elle présidait encore aux royaumes et aux empires. A la fierté que lui donnait sa naissance et son rang elle joignait une humeur impérieuse qui lui fit perdre le cœur de Jupiter, et un caractère vindicatif que rien n'était capable de fléchir

Elle eut trois enfants, Hébé, Mars et Vulcain. Le paganisme n'ent peut-être point de déesse dont le culte ait été plus général que celui de Junon ; et c'était un effet de la crainte que sa hauteur inspirait. Ses prêtresses étaient si respectées dans Argos, que l'on y comptait les années par celles de leur sercerdoce. Elle présidait aux mariages et aux accouchements; c'est pourquoi les femmes avaient pour elle une vénération particulière.

Elle donna seule la naissance à Mars, pour se venger de ce que Jupiter avait mis, sans elle, Pallas au monde, en la faisant sortir de son cerveau. Les poètes la représentent sur un char traîné par des paons, quelquefois précédée de l'arc-en-ciel : nom qu'elle donna à sa messagère Iris, quand elle la plaça au ciel pour la récompenser de ses bons services.

MADAME DARMIÈRES. — C'est fort bien, ma chère Célénie. Rose va vous succéder dans ce récit gracieux et nous parler, pour commencer, d'Apollon et des Muses.

ROSE. — Apollon, fils de Jupiter et de Latone, s'appelait Phœbus au ciel, parce qu'il conduisait le char du soleil, traîné par quatre chevaux, et Apollon sur la terre. Il présidait particulièrement à la musique et à la poésie. On dit qu'il habitait avec les Muses l'Hélicon, le Parnasse, le Piérus, et les bords de l'Hippocrène et du Permesse, où passait ordinairement le cheval Pégase, qui leur servait de monture. Ces Muses que les poètes désignent ordinairement sous les noms des Neuf-Sœurs, de Filles de mémoire, de déesses du Sacré-Vallon, sont au nombre de neuf; elles ont chacune un emploi particulier. Clio préside à l'histoire, Melpomène à la tragédie, Thalie à la comédie, Euterpe à la musique, Terpsichore à la danse, Erato aux poésies lyriques, Calliope à l'éloquence et à la poésie héroïque, Uranie à l'astronomie, et Polymnie à la rhétorique, et, selon d'autres à l'ode.

Apollon s'étant fait chasser du ciel pour avoir tué les Cyclopes, qui avaient fourni à Jupiter les foudres dont il s'était servi contre Esculape, pour le punir d'avoir ressuscité Hippolyte, il se retira chez Alméde, roi de Thessalie, dont il garda les troupeaux ; mais ayant rencontré par hasard Neptune, que Jupiter avait aussi exilé, ils allèrent ensemble offrir leurs services à Laomédon, qui bâtissait les murs de Troie. Ce prince refusa de les payer ; Neptune inonda alors la ville, et Apollon fit périr les hommes par la peste. Après le déluge de Deucalion, il tua le serpent Python, monstre né du limon de la terre et qui désolait les campagnes. La peau de cet animal lui servit à couvrir le trépied sur lequel s'asseyait la Pythonisse, ou la prêtresse, pour rendre ses oracles. Ses temples les plus fameux étaient à Délos, lieu de sa naissance; à Delphe, à Claros et à Patare. Daphné que ce Dieu métamorphosa en laurier, après l'avoir inutilement poursuivie, Leucothoé, Clytie, et une infinité d'autres, furent tour à tour l'objet de sa passion.

Il eut de Climène un fils nommé Phaéthon, que Jupiter précipita du ciel dans l'Eridan, parce qu'ayant osé conduire le char du soleil, ce jeune téméraire allait réduire l'univers en cendre. Ses autres enfants sont Rodia, l'Aurore, Pasiphaé, Phaétuce, Mircé et Lapétie. Le coq, le laurier et l'olivier étaient consacrés à Apollon. On le représente encore aujourd'hui sous la figure d'un jeune homme couronné de l'aurier, et ayant à ses pieds des instruments propres à dessiner les arts.

Latone eut de Jupiter deux enfants, Apollon et Diane, qui naquirent dans l'île de Délos, qui était alors flottante, mais que Neptune fixa d'un coup de son trident, pour soustraire celle malheureuse aux persécutions de Junon, qui avait prié la terre de ne lui donner aucune retraite. La chasse fut la passion favorite de Diane, et la plupart des mytologues, rejetant ce que l'on dit de son amour pour Endymion, la font vivre dans la plus grande chasteté : ils en donnent pour preuve la métamorphose d'Actéon en cerf, parce qu'il avait eu la témérité de regarder cette déesse au bain. Elle était adorée sous trois noms différents; *Diane, la Lune* et *Proserpine* : sous le nom de Proserpine elle commandait aussi aux enfers; de là vient qu'on l'appelait encore *Triple Hécate.* Son temple le plus fameux était celui d'Ephèse; il passait pour une des sept mer-

veilles du monde : Ce fut Erostate de Gnide qui y mit le feu.
Les magiciens avaient la plus grande vénération pour Diane;
mais c'était sous le nom de *Phœbé* ou la Lune qu'ils l'invo-
quaient, et qu'ils prétendaient la faire descendre du ciel sur la
terre. La peinture nous la représente chaussée d'un cothurne,
portant un arc et un carquois, avec un croissant sur le front;
quelquefois elle est dans un char traîné par des biches.

Jupiter aimait Sémélé, elle voulut le voir dans toute sa
gloire et fut aussitôt réduite en cendre. Jupiter enferma dans
sa cuisse l'enfant qui venait de naître, jusqu'au temps marqué
de sa naissance : on l'appela Bacchus. Ce fut, après son père,
le plus vaillant des dieux. Il fit la conquête de l'Inde, accompagné du vieux Silène, qui l'avait élevé, et planta le premier
la vigne, ce qui le fit adorer comme le dieu du vin. Au reste,
ses exploits guerriers avaient fait tant de bruit, qu'Alexandre
se le proposait pour modèle. Au retour de ses expéditions, ce
dieu épousa Ariane, fille de Minos, que Thésée avait abandon-
née. Il lui fit présent d'une superbe couronne, qui fut mise,
à la mort de cette princesse, au nombre des constellations.

On représentait Bacchus en jeune homme, avec un visage
frais, vermeil et réjoui. Il avait un thyrse à la main : c'était
une baguette entourée de feuille de vigne ou de lierre. Son
char était traîné par des tigres ou des panthères.

Mercure était fils de Jupiter et de Maïa. Ministre et messa-
ger de toutes les divinités de l'Olympe, il les servait avec un
zèle infatigable : voilà pourquoi on lui donne un caducée, et
des ailes aux pieds et à la tête. C'était lui qui conduisait les
âmes dans les enfers, et qui les en faisait sortir quand il le
fallait. Il était aussi le dieu des voyageurs, des marchands et
des filous : il donna même, sous ce dernier rapport, des preuves de son adresse, en dérobant les armes, la lyre et les troupeaux d'Apollon.

Ce fut à cette occasion qu'il changea Battus en pierre de
touche, pour le punir de son indiscrétion. Craignant que ce
vieillard, à qui il avait donné une vache pour en obtenir le se-

ciel, ne révélât ce qu'il avait vu, Mercure, pour s'en assurer, vint lui offrir sous une autre figure une vache et un bœuf, qui lui firent bientôt avouer tout ce qu'il savait. Dans les sacrifices, on lui offrait souvent des langues de victimes, à cause de son éloquence; et du lait avec du miel, pour en marquer la douceur. Les Grecs l'honoraient sous le nom d'Hermès : Homère et Lucien disent qu'il inventa la lyre; qu'il fit ces instruments avec une écaille de tortue, à laquelle il attacha des cordes.

MADAME DARMIÈRES. — Pour vous donner, ma chère Rose, le temps de vous reposer un peu, je vais dire moi-même à nos jeunes amies l'histoire de Vénus et de Cupidon.

Vénus ou Cypris était, selon quelques-uns, fille de Jupiter et de Diane; selon d'autres, elle naquit de l'écume de la mer. Zéphyre la porta, quand elle reçut le jour, dans l'île de Cypre, d'où les Heures, qui avaient été chargées de son éducation, la conduisirent au ciel. Ces dieux la trouvèrent si belle, qu'ils la nommèrent déesse de l'amour. On se la disputa; mais Jupiter voulut qu'elle fût la récompense de Vulcain, qui lui avait forgé des foudres contre les géants.

Vénus portait une ceinture qui inspirait si infailliblement l'amour, que Junon la lui emprunta un jour pour obtenir des caresses de Jupiter.

Cette déesse présidait à tous les plaisirs; aussi était-elle toujours accompagnée des Ris, des Jeux et des trois Grâces, Aglaé, Thalie et Euphrosine. On lui bâtit partout des temples, où ses fêtes se célébraient par toutes sortes de débauches : les plus beaux étaient à Amathonte, à Lesbos, à Paphos, à Gnide et à Cythère. Elle est ordinairement représentée sur un char traîné par deux colombes, par des cygnes ou par des moineaux. Son fils Cupidon, ou l'Amour, est à côté d'elle : c'est un enfant ailé qui a ordinairement un bandeau sur les yeux, un arc à la main et un carquois sur les épaules. Quand il vint au monde, Jupiter, qui prévoyait tout le mal qu'il ferait un jour à la terre, voulait que Vénus s'en défît; mais cette déesse pour le soustraire à sa haine, le fit élever au milieu des bois, où il suça le lait des bêtes féroces.

Reprenez, ma chère Rose, votre récit, et parlez-nous d'abord d'Esculape.

ROSE. — Il était fils d'Apollon et de la nymphe Coronis, il présidait à la médecine. Il avait été élevé par le centaure Chiron, dans une parfaite connaissance des simples. Jupiter le foudroya pour avoir rendu la vie au fils de Thésée, Hippolyte, qu'un monstre suscité par Neptune avait fait périr. Esculape laissa en mourant deux fils, Podalire et Machaon, qui suivirent les Grecs au siége de Troie. On l'honorait particulièrement à Epidaure, sous la figure d'un serpent, symbole de la prudence que doit avoir un médecin. Il vint à Rome, conduit par les ambassadeurs que le sénat avait députés au conseil d'Epidaure, et délivra cette ville des ravages de la peste.

MADAME DARMIÈRES. — Parlez-nous maintenant des divinités de la mer?

ROSE. — Rhée avait sauvé Neptune de la cruauté de son père, en le faisant élever par des bergers. L'empire des eaux étant échu à ce dieu dans le partage des états de Saturne, il en fit sa demeure ordinaire avec Amphitrite qu'il avait épousée. Quelque temps après, il se fit chasser du conseil des dieux, pour avoir conspiré contre Jupiter. Au retour de son exil, Minerve lui disputa l'honneur de donner un nom à la ville que Cécrops venait de bâtir, et l'obtint parce que, d'un coup de sa lance elle avait fait sortir de la terre un olivier, symbole de la paix et des arts, qui rendirent Athènes si célèbre et si florissante. Neptune en frappant la terre de son trident, avait fait naître un beau cheval, que quelques-uns prennent pour Pégase. On représente ce dieu sur un char en forme de coquille, traîné par des chevaux marins. Il a pour sceptre un trident, et pour gardes des Tritons, dont quelques-uns sonnent d'une conque, qui leur tient lieu de trompette : ce sont ses fils. Ils n'ont de l'homme que la figure et la moitié du corps;

le reste, depuis la ceinture, ressemble à un poisson. Neptune avait encore eu d'Amphitrite trois filles, Aëllo, Ocypète et Célæno, monstres affreux nommés Harpies, qui infectaient tout ce qui passait sous leurs yeux ; et un fils appelé l'Océan, qui épousa Télys, et eut pour apanage les fleuves et les rivières. Les seuls fruits de cet hymen furent Protée, Doris et Nérée.

On met encore au nombre des divinités maritimes. Palémon, dieu des ports, Eole, roi des vents, qu'on représente sous la figure d'enfants ailés ; les Syrènes, monstres moitié femmes et moitié poissons, qui, par la douceur de leurs chants attiraient les voyageurs pour les dévorer ; enfin Carybde et Scylla, deux autres monstres plus redoutables encore, à l'un desquels on ne pouvait échapper sans tomber au pouvoir de l'autre.

MADAME DARMIÈRES. — Julie va nous dire l'histoire de Mars et de sa sœur Minerve.

JULIE. — Junon, piquée de ce que Jupiter avait donné seul la naissance à Minerve, mit au monde un fils, qu'elle appela Mars et qui fut révéré comme le dieu des combats. Les Romains, le croyant père de Romulus, leur fondateur, lui rendaient un culte particulier. Le coq lui était consacré, parce qu'il avait métamorphosé en cet animal son écuyer Electrion, pour le punir de l'avoir laissé surprendre par Vulcain. Ses prêtres se nommaient Saliens, parce qu'ils célébraient ses fêtes en dansant. Auguste lui dédia un magnifique temple après la bataille de Philippes, sous le nom de *Mars vengeur*.

La mythologie donne une sœur à Mars : c'est Bellone. Elle était chargée de lui préparer son char lorsqu'il allait à la guerre. Ses prêtres s'appelaient Bellonaires ; ils l'honoraient en se battant à coups d'épée. Bellone pourrait bien être la même que Pallas ; comme elle, elle présidait aux combats.

Minerve ou Pallas sortit, armée de pied en cap, du cerveau de Jupiter, qui, pour la mettre au monde, se fit donner par Vulcain un coup de hache sur la tête. C'est le seul des enfants de ce dieu qui ait joui de toutes les prérogatives attachées au rang suprême de la divinité. Quelquefois on la représente la tête couverte d'un casque surmonté d'une chouette, tenant une lance d'une main, et l'égide de l'autre ; et alors c'est Pallas, déesse de la guerre. Quelquefois aussi on lui voit un air de douceur et de majesté, elle tient à la main une branche d'oliviers; des instruments de mathématiques sont à ses pieds; et c'est Minerve, déesse de la sagesse. Sous ce titre, on lui attribue l'invention des beaux-arts, l'usage de l'huile, et celui de filer et de faire de la tapisserie. Le hibou lui était consacré. Ovide dit qu'elle changea Arachné en araignée, quand elle eut vu que cette fille l'égalait dans ce genre d'ouvrage. Les Romains avaient pour elle une vénération particulière. Ses fêtes, pendant lesquelles chaque écolier faisait à son maître un présent appelé *Minerval*, se passaient en prières et en divertissements.

Vulcain, fils de Jupiter et de Junon, vint au monde si laid et si mal fait, que son père, en ayant horreur, le jeta, d'un coup de pied, du haut du ciel dans l'île de Lemnos, où il lui donna l'intendance de ses foudres. Les cyclopes, ainsi nommés parce qu'ils n'avaient qu'un œil au milieu du front, travaillaient sous lui dans les îles de Lemnos, de Lypari et au fond du mont Etna. Jupiter, en récompense de ses services, lui fit épouser Vénus ; mais on sait qu'il ne fut point heureux avec cette déesse. Entre les chefs-d'œuvre sortis des ateliers de ce dieu, on distinguait surtout le palais du Soleil, les armes d'Achille, le collier d'Hermione et la couronne d'Ariane. Ses fêtes, appelées *Lampadophores*, étaient une espèce de joûte, qui consistait à courir en tenant à la main une torche ardente, qu'il fallait porter, sans l'éteindre, jusqu'au but marqué. On faisait aussi dans les places publiques de grands feux dans lesquels on jetait des animaux vivants pour se rendre ce dieu favorable.

MADAME DARMIÈRES. — Je vais, à mon tour, vous entretenir des divinités infernales.

Pluton, frère de Jupiter et de Neptune, était, comme eux,

fils de Saturne et de Rhée. L'empire des morts, qu'il reçut en partage, inspirait tant d'aversion que, ne pouvant trouver de femme, il enleva Proserpine. On ne lui élevait ni temples ni autels, et jamais on ne chantait d'hymnes à sa louange ; quand on lui immolait des victimes, c'était toujours des brebis noires, dont on faisait couler le sang dans un fossé. Il est ordinairement représenté dans un char traîné par quatre chevaux noirs, avec un sceptre à deux pointes, et une couronne d'ébène sur la tête. Plutus était l'intendant de ses finances, et conséquemment le dieu des richesses : les poètes le font aveugle, sans doute pour consoler l'honnête homme indigent. Pluton avait pour officiers trois parques, trois juges et trois furies.

Les parques, chargées de filer ensemble la destinée des hommes, étaient Clotho, Lachésis et Atropos. La première tenait la quenouille, la seconde tournait le fuseau, et la troisième coupait le fil.

Les trois juges, Eaque, Minos et Rhadamanthe, qui avaient été sur la terre des rois célèbres par leur équité, examinaient les âmes à mesure que Mercure les conduisait à leur tribunal, et leurs arrêts s'exécutaient sans appel, et sur-le-champ.

Les furies, ou les Euménides, étaient Alecto, Mégère et Tisiphone. Elles présidaient à l'exécution des arrêts ; c'est pourquoi on les représente armées de fouets et de flambeaux, et la tête entourée de serpents.

Pour arriver aux enfers, dont l'entrée était défendue par Cerbère, chien à trois gueules, il fallait passer le Styx dans la barque du vieux Caron, qui n'y recevait que les âmes de ceux qu'on avait inhumés. Ce fleuve, redoutable aux dieux mêmes, qui étaient condamnés à un exil de cent ans, quand il leur arrivait de se parjurer après l'avoir attesté, faisait sept fois le tour des enfers. Les autres fleuves étaient l'Achéron, le Cocyte, le Phlégéton, qui ne roulait que des flammes liquides, et le Léthé, dont les eaux faisaient oublier le passé. Les âmes en buvaient quand, selon la doctrine de Pythagore, appelée *Métempsicose*, elles quittaient ces lieux pour aller sur la terre animer de nouveaux corps.

L'empire des morts était divisé en deux parties : le Tartare et l'Elysée.

Le Tartare était la demeure des criminels condamnés à divers supplices. On y voyait les Titans ou les géants ; l'impie Salmonée, qui pour ressembler à Jupiter, faisait rouler sur un pont d'airain son char éclairé de flambeaux ; Sisyphe, fameux brigand condamné à rouler un rocher ; Tityo, dont le foie, déchiré par un vautour, ne cesse pas d'être entier ; Tantale, qui souffre une faim et une soif perpétuelle ; Ixion, lié avec des serpents à une roue qui tourne sans cesse ; et les Danaïdes, qui remplissent d'eau un tonneau percé.

L'Elysée, ou les Champs-Elysées était la demeure des hommes vertueux, et de ceux qui s'étaient signalés par des faits héroïques, ou par des actions utiles à l'humanité.

Nous voici arrivés aux dieux du second ordre, et je prierai Emma de nous les faire connaître.

EMMA. — Les dieux du second ordre peuvent, comme ceux du premier, se partager en deux classes : l'une sera celle des divinités terrestres, et l'autre celle des divinités domestiques.

Cérès avait enseigné aux hommes l'agriculture ; et, sous ce rapport, on doit la regarder comme la souveraine, ou tout au moins, comme la première des divinités terrestres, dont voici le détail.

Palès, que l'on confond quelquefois avec Cérès, était la déesse des pâturages, des bergers et des troupeaux.

Priape, fils de Bacchus et de Cypris, était le dieu des jardins ; mais il partageait sa puissance, à cet égard, avec Pomone, déesse des fruits. Pomone avait épousé Vertumne, dieu de l'automne. Leur mutuel attachement fut un modèle de fidélité conjugale.

Flore, épouse de Zéphire et déesse du printemps, présidait aux fleurs. Les femmes, parées de guirlandes, célébraient ses fêtes, appelées *Jeux floraux*, en dansant au son des instruments.

Pan était le dieu des campagnes, des troupeaux et des ber-

gers. Rien n'est plus incertain que son origine. Il n'en est
pas de même de celle de la flûte, qu'on lui attribue généralement.

Ce dieu suivit Bacchus dans ses expéditions guerrières. On
dit que Brennus se disposant à piller, avec ses Gaulois, le
fameux temple de Delphe, Pan leur inspira une si grande
frayeur, qu'ils prirent tous la fuite, et que de là on a appelé
terreur panique, une peur dont on ne saurait se rendre raison. Au reste, ce dieu n'habitait que les campagnes, surtout
celles de l'Arcadie, où on l'honorait particulièrement. Il est
représenté avec des cornes à la tête, et la partie inférieure du
corps semblable à celle d'un bouc. C'est ainsi qu'on représente encore les divinités qui composaient sa suite, telles
que les Faunes, les Satyres et les Sylvains. Leur principale
occupation était de former, au son de la flûte, des danses
avec les nymphes : celles-ci accompagnaient l'instrument de
leur voix mélodieuse.

Terme présidait aux limites des champs : voilà pourquoi on
y mettait sa statue, qui était toujours sans bras et sans pieds;
aussi ne consistait-elle souvent qu'en un tronc d'arbre, ou
une pierre carrée.

Momus est le dieu de la raillerie. Il fut, dit-on, chassé du
ciel, à cause des plaisanteries qu'il se permit sur les plus
beaux ouvrages de Vulcain, de Neptune et de Minerve. On le
représente démasquant un visage d'une main, et tenant de
l'autre une marotte.

Enfin Comus présidait aux repas, aux fêtes et à la parure :
on le représentait avec un chapeau de fleurs, et portant un
flambeau.

MADAME DARMIÈRES. — Vous ne nous dites rien des divinités
domestiques?

EMMA. — Les divinités domestiques étaient les dieux Lares
ou Pénates, et les Génies.

Les Lares, ou Pénates, étaient enfants de Mercure et de
Larunde. Protecteurs nés des empires, des villes, des chemins,

des maisons, et de ceux qui les habitaient, chacun leur rendait un culte particulier. On plaçait leurs petites figures, ou dans les coins de la cheminée, quand on ne pouvait faire mieux, ou dans une petite chapelle appelée *Lararium*, et toujours éclairée d'une lampe. Les Romains leur immolaient un chien, comme étant le symbole de la fidélité, et leur consacraient les anneaux que leurs enfants portaient au cou jusqu'à l'âge de quatorze ans.

Les Génies étaient enfants de Jupiter et de la terre, et présidaient à toutes nos actions. Chaque homme en avait deux qui naissaient et mouraient avec lui, l'un bon, et l'autre méchant; le plus fort l'emportait. Les Génies des femmes s'appelaient *Junones*. On représente ces divinités sous la figure de jeunes enfants qui tiennent d'une main un vaisseau à boire, et de l'autre une corne d'abondance.

MADAME DARMIÈRES. — Je ne vous parlerai, mes chères enfants, que très-succinctement des dieux du troisième ordre. Je commencerai par Persée, fils de Jupiter et de Danaé.

Acrise, ayant su de l'oracle qu'il périrait de la main de son petit-fils, enferma Danaé, sa fille unique, dans une tour d'airain. Mais Jupiter y descendit changé en pluie d'or; et la princesse eut un fils qu'on nomma Persée, et qui se rendit célèbre par ses exploits. Il avait en effet tant de valeur et de prudence, que les poètes ont feint que Minerve lui avait prêté son bouclier. On dit que, pour le rendre plus redoutable encore, il y attacha la tête de Méduse, avec laquelle il pétrifiait ceux qui osaient la fixer. Atlas, fils de Jupiter et de Climène, en fit la triste épreuve : Persée le changea en une haute montagne, et le réduisit à porter le ciel sur ses épaules, parce qu'il lui avait refusé l'entrée de son palais. Andromède, en punition du crime de sa mère, qui avait osé se croire aussi belle que Junon, avait été liée par les Néréides à un rocher. Elle allait être dévorée par un monstre marin; mais Persée le vainquit monté sur le cheval Pégase, et rendit Andromède

7.

à son père, qui, par reconnaissance, la lui donna pour épouse. Revenu dans sa patrie, il tua, sans le connaître, Acrise son aïeul, parce qu'il s'opposait à son passage, il fut si affligé de ce malheur, que Jupiter, pour le consoler, le mit au nombre des constellations.

On croit que Bellérophon fut, après lui, le seul à qui les dieux permirent de monter le cheval Pégase, avec lequel il extermina la Chimère, monstre affreux qui avait la tête d'un lion, le corps d'une chèvre, la queue d'un serpent, et qui vomissait des flammes.

Hercule, fils de Jupiter et d'Alcmène, est, de tous les héros de l'antiquité, celui à qui la fable attribue le plus d'exploits. Jupiter avait promis les plus hautes destinées au fils qui naîtrait d'Alcmène. Junon, pour en empêcher l'accomplissement, fit naître Eurystée avant Hercule, afin qu'en sa qualité d'aîné, il eût quelqu'autorité sur lui; elle envoya même dans son berceau deux horribles serpents, qu'il eut le bonheur d'étouffer. On conte cependant qu'elle se laissa fléchir aux prières de Pallas, jusqu'à lui donner de son lait, dont il laissa tomber quelques gouttes qui formèrent au ciel cette tache blanche, qu'on appelle la *Voie lactée*. Hercule, devenu grand, ne tarda pas à se couvrir de gloire, tant par les douze travaux que lui prescrivit Eurystée, que par une foule d'autres exploits non moins célèbres.

Je ne redirai pas ici ses douze travaux dont la mémoire vous est présente.

Hercule aima Déjanire, mais celle-ci fut cause involontairement de sa mort. Craignant son inconstance et voyant qu'il aimait Iole, elle crut le ramener, en l'engageant à se couvrir, pendant le sacrifice qu'il allait faire sur le mont Oëta, du voile que lui avait donné le Centaure Nessus. Déjanire était, dit-on, persuadé que ce voile, teint du sang de ce Nessus, avait la vertu d'empêcher que son époux ne s'attachât à quelqu'autre. Mais à peine s'en fut-il couvert, qu'il sentit couler dans ses veines un feu dévorant. Transporté de fureur, il se précipita dans le bûcher qu'il venait d'allumer. Son ami Phi-

loctète recueillit ses cendres, et les emporta avec les flèches
dont ce héros lui avait fait présent, et sans lesquelles Troie
ne pouvait être prise, malgré tous les efforts des Grecs. Hercule fut mis au rang des dieux, et épousa Hébé, déesse de la
jeunesse. On le représente couvert de la peau d'un lion, et
armé d'une massue. Le peuplier lui était consacré, parce
qu'il s'était fait une couronne des feuilles de cet arbre lorsqu'il descendit aux enfers.

Thésée, l'émule et le contemporain d'Hercule, mérita, par
sa grande valeur, d'être mis au rang des demi-dieux. Il était
fils d'Egée, roi d'Athènes, et d'Ætra, fille de Pithé. Sa première expédition fut le massacre des Pallantides ou des fils de
Pallante, qui avaient conspiré contre Egée, leur oncle. Aricie
fut la seule qui échappa; dans la suite elle épousa Hippolyte.
Minos avait renfermé dans le labyrinthe de Crète un monstre
appelé Minotaure; Thésée, jeune encore, voulut accompagner
les sept enfants que les Athéniens étaient obligés d'envoyer
tous les ans à Minos, pour être dévorés par ce monstre, en
réparation de la mort de son fils qu'ils avaient tué. Le Minotaure expira sous ses coups; puis, à l'aide d'un fil que lui avait
donné Ariane, fille de Minos, il sortit du labyrinthe et em-
mena avec lui cette princesse, qu'il abandonna sur un rocher
dans l'île de Naxos. On croit qu'elle y mourut de désespoir.

Après cette grande aventure, Thésée se trouva à toutes les
expéditions qui se firent de son temps, c'est-à-dire dans le
siècle qui précéda le fameux siège de Troie. Compagnon des
Argonautes dans la conquête de la toison d'or, d'Hercule dans
la guerre des Amazones, de Méléagre dans la chasse du san-
glier de Calydon, et de Pirithoüs dans le combat des Centaures
et des Lapithes, il descendit encore avec ce dernier dans les
enfers pour enlever Proserpine : entreprise funeste qui fut
cause de la perte de son ami, et de sa détention à lui-même
jusqu'au temps où Hercule vint le détacher de la pierre sur
laquelle Pluton l'avait enchaîné.

Jason était fils d'Éson, qui fut chassé du trône d'Iolcos par son frère. Pélias. Son éducation fut secrètement confiée au Centaure Chiron, qui lui apprit sa naissance et le remit entre les mains de l'usurpateur. Celui-ci, pour se concilier la bienveillance du peuple, lui fit l'accueil en apparence le plus tendre, mais il chercha bientôt l'occasion de s'en défaire. Aëte, roi de ce pays, était d'autant plus intéressé à sa conservation, que les destins y avaient encore attaché une abondance et une paix inaltérables pour les états du prince qui la possèderait. Pélias envoya Jason à la conquête de cette toison, bien persuadé qu'il y périrait, mais grâce au secours de Médée, fille d'Aëte, et grande magicienne, Jason revint glorieux de cette expédition, pour laquelle plusieurs princes grecs l'avaient accompagné, montés sur un vaisseau dont le nom leur fit prendre celui d'Argonautes. A son retour à Iolcos, il épousa sa bienfaitrice, qui, pour le venger de Pélias, conseilla aux filles de ce dernier de tuer leur père, et de faire bouillir ses membres avec des herbes qu'elle leur donna, leur promettant qu'elles auraient la vertu de le rajeunir, comme elle venait de rajeunir, sous leurs yeux, leur oncle Eson. Jason eut horreur du crime de son épouse, et la quitta pour s'attacher à Créuze, fille du roi de Corinthe. Le désespoir s'empara alors de Médée; elle entra même dans une si grande fureur, qu'elle fit périr misérablement sa rivale, massacra, de ses propres mains, deux enfants qu'elle avait eus de Jason, et prit la fuite sur un char traîné par des dragons ailés. Elle revint en Colchide, et remit son père sur le trône, d'où on l'avait chassé pendant son absence.

Orphée est un des plus grands musiciens que la Grèce ait eus. Les poètes le font fils d'Apollon et de Calliope.

Le jour même de ses noces, il eut la douleur de voir mourir sa femme de la piqûre d'un serpent qu'elle rencontra en fuyant les poursuites d'Aristée, qui voulait la lui enlever. Orphée descendit aux enfers pour la redemander à Pluton : le dieu la lui rendit, mais à condition qu'il ne la regarderait qu'à son retour sur la terre. Orphée, ne pouvant commander à son impatience, se tourna pour voir si elle le suivait, mais elle disparut aussitôt.

Cadmus ayant reçu d'Agénor, son père, l'ordre très-précis de ne point rentrer dans son palais, qu'il n'eût retrouvé en Europe sa sœur, que Jupiter avait enlevée, consulta l'oracle, qui, pour toute réponse, lui ordonna de bâtir une ville dans l'endroit où un bœuf le conduirait. Arrivé dans la Béotie, il rencontra en effet cet animal, le suivit, et traça, dans le lieu même où il s'arrêta, les fondements de la ville qu'il devait construire. Ses compagnons étant allés puiser de l'eau à la fontaine de Circé, y trouvèrent un dragon qui les dévora. Cadmus le tua à son tour, et de ses dents qu'il sema, naquirent des hommes, dont cinq, les autres s'étant entretués, l'aidèrent à bâtir les murs de Thèbes. On raconte qu'Amphion, l'héritier des talents d'Orphée, vint l'aider, et que les pierres, rendues sensibles aux accords de sa lyre, se rangèrent d'elles-mêmes en leur place.

Laïus, roi de Thèbes, ayant su de l'oracle qu'il périrait de la main d'un fils que Jocaste venait de lui donner, le remit à un de ses officiers pour le faire mourir. Cet homme se contenta de l'attacher par les pieds à un arbre, où il fut trouvé par un berger qui le porta à Polybe, roi de Corinthe. On lui donna le nom d'Œdipe, parce que ses pieds étaient enflés ; la reine, qui venait de perdre son fils, l'adopta et le nourrit même de son lait. Œdipe, devenu grand, quitta Corinthe, parce qu'un oracle l'avait menacé des mêmes malheurs que Laïus. Il rencontra son père dans la Phocide, et le tua dans une querelle qu'il eut avec lui sans le connaître. Etant venu à Thèbes quelque temps après, il sut qu'un monstre, appelé Sphinx, y proposait une énigme aux passants, et devorait ceux qui ne pouvaient la deviner. On ajoutait que Jocaste avait promis d'épouser celui qui délivrerait Thèbes de ce monstre, dont la vie était attachée au mot de cette énigme : « Quel est l'animal qui marche le matin à quatre pieds, à deux » sur le milieu du jour, et le soir à trois. » Œdipe entreprit de le faire : « il répondit que cet animal était l'homme, qui,

» dans son enfance, se traîne sur les pieds et les mains, qui
» marche au milieu de son âge sur deux pieds, et qui, dans
» la vieillesse, se sert d'un bâton comme d'un troisième
» pied. » Le Sphinx, désespéré de se voir entendu, se précipita dans la mer, et le prince épousa Jocaste, de laquelle il
eut deux fils, Etéocle et Polynice, dont la haine fut si cruelle,
qu'ils s'arrachèrent réciproquement la vie. Les dieux, irrités
de l'inceste qu'Œdipe avait commis en épousant sa mère, qu'il
ne connaissait pas, frappèrent les Thébains d'une peste qui
ne cessa que par la mort de la reine, qui se pendit de désespoir, et par l'exil volontaire d'Œdipe, qui se creva les yeux.

C'est à cette époque que remonte la guerre de Troie, où s'il-
lustrèrent tant de héros. Je n'entreprendrai pas le récit de
leurs exploits, qu'Homère a chantés, et je terminerai cette
leçon, un peu longue, par quelques mots sur les divinités allégoriques.

Outre les dieux et les héros, les Grecs et les Romains
avaient encore divinisé les vertus et les vices. Ils bâtissaient
des temples à des êtres purement imaginaires, tels que la fortune, la nécessité, la guerre, etc. ; comme très-souvent ils of-
fraient des sacrifices en l'honneur de l'envie, de la fraude, de
la calomnie, de la discorde, etc. ; de la fidélité, de la paix, de
la vérité, de la justice, etc. ; divinités allégoriques qui avaient
aussi leur culte et leurs autels.

Thémis, ou la Justice, était fille de Jupiter et d'Astrée. On
la représente sous la figure d'une jeune fille, tenant d'une
main une balance égale des deux côtés, et de l'autre une
épée nue.

La Bonne-Foi était adorée dans le *Latium* avant même que
les Romains s'y fussent établis. Elle y avait un temple et des
prêtres qui, dans les sacrifices qu'on lui faisait, et qui étaient
toujours sans effusion de sang, devaient être couverts d'un
voile blanc. On la représentait vêtue d'une robe blanche, et
les mains jointes.

La Vérité était fille de Saturne et mère de la Vertu. C'est
une belle femme, habillée simplement, mais dont l'air est

majestueux. On représente la mère sous la figure d'une femme simple, vêtue de blanc, et assise sur une pierre carrée.

La Prudence est ordinairement représentée avec un miroir environné de serpents.

L'Honneur. Les Romains sont les premiers qui en aient fait une divinité. Ils avaient placé son temple de manière qu'on ne pouvait y entrer que par celui de la Vertu. Qu'on s'étonne après cela des traits d'héroïsme que nous offre, à chaque pas, l'histoire d'une nation que tant de raisons nous portent à admirer.

En divinisant les vices, les anciens les ont rendus hideux, comme pour rendre plus saillante la vérité terrible de leur allégorie. Ainsi l'Envie avait les traits les plus propres à nous inspirer l'horreur.

Ils montrent la discorde chassée du ciel, parce qu'elle excitait toujours de nouveaux débats entre les dieux, et la représentent coiffée de serpents, tenant un poignard d'une main, et des couleuvres de l'autre. Elle a les yeux égarés, le visage livide, et la bouche écumante.

A la Vengeance ils donnent la figure d'une femme qui sourit malignement, et regarde avec complaisance un poignard qu'elle tient à la main. Il ne faut pas la confondre avec Némésis, ou Adrastée, aussi déesse de la Vengeance. Fille de Jupiter et de la Nécessité, c'est elle qui châtiait les méchants. On lui donnait des ailes, et dans ses mains un flambeau et des serpents. Elle avait sur sa tête une couronne surmontée d'une corne de cerf.

La Fraude était représentée avec une tête humaine, d'une physionomie agréable, ayant le reste du corps semblable à un serpent.

La Paresse était fille du Sommeil et de la Nuit. Jupiter la métamorphosa en tortue pour avoir écouté les flatteries de Vulcain : cet animal, ainsi que le limaçon, lui étaient consacrés.

La Pauvreté. Les poètes disent qu'elle est fille du Luxe et de la Paresse, et nous la représentent mal vêtue, et avec un visage pâle et abattu. Quelquefois aussi ils la peignent semblable à une furie affamée, farouche, et prête à se désespérer.

A toutes ces divinités allégoriques, représentant les vertus qui rendent l'homme heureux, et les vices qui causent tous ses malheurs, les anciens en joignaient encore quelqu'autres, telles que :

La Fortune, déesse aveugle qui présidait à tous les biens et à tous les maux. On nous la représente assise sur une roue qui tourne sans cesse; quelquefois on lui donne encore des ailes aux pieds, et dans la main une corne d'abondance.

La Nécessité. On la disait fille de la Fortune. Elle eut partout des adorateurs; mais ses prêtresses avaient seules le droit d'entrer dans son temple ; et telle était sa puissance, que Jupiter même était forcé de lui obéir. Elle est représentée avec des mains de fer, dans lesquelles elle porte des clous et de gros coins. Quelquefois les poètes la font sœur et compagne du Destin, mais ils la placent alors dans son temple.

La Renommée était la messagère affidée de Jupiter : la célérité avec laquelle elle répand les nouvelles bonnes ou mauvaises la fait appeler la déesse aux cent voix.

La Victoire. Les Grecs paraissent être les premiers qui en aient fait une divinité. Varron, en la personnifiant, la fait fille du ciel et de la terre. Hésiode, plus ingénieux, lui avait donné pour père le Styx, et pour mère Pallas. On la représentait ordinairement sous la figure d'une jeune fille, avec des ailes, tenant d'une main une couronne de laurier ou d'olivier, et de l'autre une palme. Les Athéniens ne lui donnaient pas d'ailes... comme pour l'empêcher de s'éloigner d'eux. On ne lui offrait que les fruits de la terre.

La Paix était fille de Jupiter et de Thémis. Les Grecs la représentaient sous la figure d'une femme, portant dans ses bras le dieu Plutus enfant. Chez les Romains, qui lui avaient élevé un temple magnifique dans la rue Sacrée, elle était représentée avec un rameau d'olivier. Ailleurs on la voyait quelquefois avec des ailes, tenant un caducée, et ayant sous ses pieds un serpent.

L'Abondance. Les païens en firent une divinité qu'ils re-présentaient sous les traits d'une femme de bonne mine, cou-ronnée de guirlandes de fleurs, tenant dans sa main droite une corne d'où sortent des fruits, et répandant de la gauche des grains qui se détachent d'un faisceau d'épis.

Le Sommeil était fils de l'Érèbe et de la Nuit. Les poètes lui donnent pour palais un antre écarté et profond, où ne pénè-trent jamais les rayons du soleil, et pour trône un lit de plu-mes entouré de rideaux noirs. Le fleuve d'oubli coule au pied. On place à ses côtés Morphée, son ministre, qu'on représente tenant dans ses mains une poignée de pavots, et autour de lui les Songes et la Mort : celle-ci avec une figure hideuse, un corps décharné, et presque toujours une faulx à la main ; ceux-là sous les traits de jeunes enfants, avec des ailes de chauve-souris. Les songes que le Sommeil envoyait aux hom-mes pour leur annoncer l'avenir, sortaient de son palais par une porte de corne, et ceux qui ne devaient former que de vaines illusions, passaient par une porte d'ivoire.

La Liberté était honorée surtout par les esclaves, qui, tous les ans, dans le temps des Saturnales, paraient sa statue de guirlandes. On la représentait tenant un sceptre d'une main et un casque de l'autre ; auprès d'elle sont un faisceau d'ar-mes et un joug rompu : le chat lui était consacré.

Le Silence. Les Grecs et les Romains avaient fait, à l'exem-ple des Egyptiens, une divinité du Silence. Ils le représen-taient avec une figure d'homme, ayant l'index sur la bouche.

En terminant cette leçon, je vous rappellerai, mes jeunes amies, les conseils et les considérations dont je l'ai fait pré-céder : pour être utile, l'agréable étude de la mythologie a besoin d'être éclairée de l'appréciation d'une morale ingé-nieuse et pure, que vous ne pouvez manquer de trouver dans vos cœurs.

IX

LES ADIEUX DE L'INSTITUTRICE

Le jour de la distribution des prix était enfin arrivé ; ce jour heureux où le travail, l'application, la sagesse allaient recevoir leur récompense. Chacune des élèves de madame Darmières repassait dans sa mémoire les instructions de l'institutrice chérie ; chacune était jalouse de répondre, avec précision et élégance, aux questions qui leur allaient être adressées : un double motif les excitait dans ce noble désir ; l'émulation d'abord, puis le double plaisir de faire honneur à la meilleure des institutrices et de briller sous les yeux de leurs tendres parents.

La salle où devait avoir lieu la cérémonie avait été, dès la veille, décorée avec élégance et simplicité ; de fraîches guirlandes de feuillage, des couronnes entremêlées de roses et de lauriers, les dessins, les ouvrages de broderie des élèves sus-

pendus aux murs, donnaient à la salle un aspect de splendeur
et de fête ; des banquettes rangées en amphithéâtre étaient
destinées à recevoir les personnes invitées à cette réunion de
famille, et les premières places avaient été réservées aux parents des jeunes élèves ;

Une riche estrade s'élevait dans le fond ; là se trouvaient
disposés les sièges des personnages qui devaient présider à la
cérémonie : une table couverte de couronnes, de livres, d'al-
bums, de médailles se trouvait auprès ; la sollicitude de madame Darmières n'avait enfin rien négligé pour que la distribution fût brillante et répondît à la satisfaction que n'avaient
cessé de lui donner, pendant tout le cours de l'année, l'application et les progrès de ses aimables élèves.

Bientôt sonna l'heure fixée par les lettres d'invitation, et
attendue avec tant d'impatience ; la salle en un moment se
trouva remplie, et lorsque un vénérable prélat, qui honorait
cette solennité de sa présence, eut pris place au milieu du
concours des notabilités de toute sorte et des professeurs ras-
semblés sur l'estrade, madame Darmières, d'une voix touchante et émue, adressa à l'assemblée un simple discours où
elle s'appliquait à rappeler à ses élèves les principes de vertu
de modestie et de piété qui avaient formé la base de son enseignement. Ce discours, écouté avec un profond recueillement, touchait à son terme, et personne n'en avait encore
prévu la fin : quels ne furent pas la douleur des élèves, la surprise et les regrets des parents, lorsque l'excellente institutrice
annonça que la fatigue d'un long enseignement avait altéré
sa santé, et que force lui était de dire un douloureux adieu
à ses élèves, à ses enfants !

En vain le vénérable prélat, dans les simples et douces paroles qu'il adressa à cette jeunesse attendrie, tâcha de faire renoncer madame Darmières à sa résolution : il lui était, en effet,
impossible de continuer à tenir plus longtemps son pensionnat sans compromettre le peu de jours que lui assignait la
nature.

Cette fête, dont chacun s'était formé d'avance une si douce

idée, ne fut donc qu'un cruel regret, un triste adieu ; et les élèves, en mouillant de leurs larmes leurs couronnes, laissèrent du moins cette consolation à leur excellente institutrice, que toutes promirent de ne jamais oublier ses instructions pieuses et les aimables leçons qui avaient fait germer l'amour du devoir et de la vertu dans leurs jeunes cœurs.

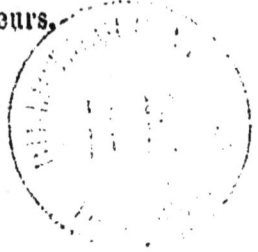

Limoges. — Imp. Marc Barbou et Cⁱᵉ

www.ingramcontent.com/pod-product-compliance
Lightning Source LLC
Chambersburg PA
CBHW072149270326
41931CB00010B/1941